FINANCIAL DEVELOPMENT
REPORT OF HANGZHOU 2017

2017年度
杭州金融
发展报告

杭州市人民政府金融工作办公室　编

ZHEJIANG UNIVERSITY PRESS
浙江大学出版社

前　言

　　金融是国家重要的核心竞争力,金融业发展的好坏直接影响着经济社会发展的质量与速度,杭州金融业的发展一直保持着速度快、质量高的状态,为杭州经济社会的发展做出了不小的贡献。每年如期而至的《杭州金融发展报告》都是对杭州金融业当年发展状况所做的全方位的梳理和记录。《2017 年度杭州金融发展报告》从杭州金融业总体发展与运行、银行业发展状况、资本市场与保险市场发展与运行、政府与监管部门出台的政策措施、规划调研、大事记和在杭金融机构名录等多个层面,向我们系统地展示 2017 年度杭州金融业发展所取得的成绩,以及未来发展所面临的挑战和机遇。

　　2017 年,世界经济迎来逐步向好局面。全球经济增速和增长预期提升,发达经济体经济增长势头良好,新兴市场和发展中经济体增速企稳回升。这一年,全球贸易和投资回暖,金融市场预期向好,大宗商品价格回升但起伏波动仍较大。世界经济在增速回升的同时,面临的风险和威胁仍未消散。世界经济格局的变化调整仍在继续。

　　一方面,保护主义和逆全球化风潮对世界经济增长造成的威胁持续,宽松货币环境催生的资产泡沫仍在累积,全球债务水平过高,以发达经济体货币政策转向引发的外部效应逐渐显露。另一方面,各方仍在努力推进全球宏观经济政策协调。中国有关建立新型国际关系和构建人类命运共同体的倡议深入人心,为继续推进经济全球化指明了方向。

　　虽然国际经济发展充满变数,但 2017 年中国经济始终坚持稳中求进工作总基调,在经济运行中处理好"稳"和"进"的辩证关系,做好"稳"的大文章,并在此基础上求"进",宏观调控和各项改革措施协同发力,使中国经济充满了活力和韧性。但中国经济面临的形势仍非常严峻,"黑天鹅"事件也不断,"灰犀牛"事件也有。2017 年中国金融领域出现了一些新现象,超储率位于历史低位,央行在公开市场持续缩紧银根。压缩杠杆率将对宏观经济产生不利影响,经济增长面临下行风险。

在全国经济下行压力不断增大的背景下,2017 年,杭州市经济依然保持稳步发展,实现了质量效益提升、投资总量增长、消费结构升级、外需回暖等积极转变,GDP 同比增长 8.0%,增速高于全国 1.1 个百分点。经济转型升级效果显现,"一号工程"引领发展,信息经济成为增长主引擎,信息经济增加值增长 21.8%,对经济增长贡献率超过 50%。与全市经济积极转型发展态势相适应,2017 年全市金融运行总体稳健,钱塘江金融港湾顺利开局,金融服务实体经济、防控金融风险、深化金融改革三项工作有力推进,各项数据进一步向好。

2018 年,世界经济增长之路仍不平坦。增长后劲不足、全球债务高企、金融杠杆率居高不下、发展不平衡等一系列问题有待解决。从国内金融业的发展来看,2018 年金融监管部门将全面规范银行信托、委托贷款等业务,这可能会让融资增速全面下降。融资增速下降意味着金融去杠杆的不断深化,从而促进金融资源配置效率进一步提升,更好地服务实体经济。

杭州金融业的发展将在准确把握金融去杠杆的基础上,结合金融改革的新要求,认真落实货币政策和宏观审慎调控双支柱框架,确保融资总量保持合理增长,保障杭州实体经济发展的资金需求。引导和督促金融机构做好存量盘活工作,把沉淀在落后和过剩产能行业等领域的资金腾挪出来,支持更具成长性的领域,促进新动能培育,从而为杭州经济的快速平稳发展做出更大的贡献。

衷心感谢中国人民银行杭州中心支行、浙江银监局、浙江证监局、浙江保监局、省农信联社杭州办事处、杭州市发改委、杭州市经信委、杭州市商务委、杭州金融仲裁院、浙江互联网金融资产交易中心和杭州市白沙泉并购金融研究院的大力支持。欢迎广大读者对报告提出建设性的意见,以便我们在未来做得更好。

《杭州金融发展报告》编委会

2018 年 7 月

目 录

政策篇

规划调研篇

大事记

机构名录

综合篇

2017年杭州市金融服务业发展报告

杭州市金融办

  2017年,杭州市经济持续稳走向好,实现了质量效益提升、投资总量增长、消费结构升级、外需回暖等积极转变,全市实现地区生产总值12556亿元,同比增长8.0%,增速高于全国1.1个百分点。经济转型升级效果显现,"一号工程"引领发展,信息经济成为增长主引擎,2017年信息经济增加值增长21.8%,高于地区生产总值增速13.8个百分点,对经济增长贡献率超过50%。

  与全市经济积极转型发展态势相适应,2017年全市金融运行总体稳健,钱塘江金融港湾顺利开局,金融服务实体经济、防控金融风险、深化金融改革三项工作有力推进,各项数据进一步向好。其中反映金融业整体发展状况的指标——金融业增加值1055亿元,首次突破千亿元关口,同比增长6.8%,增速较上年提高0.3个百分点,较全省高出1.2个百分点;占全市地区生产总值比重8.4%。分年度看,2014—2017年增速分别为9.8%、12.0%、6.5%、6.8%,总体呈探底回升态势(见表1)。据综合开发研究院(中国深圳)2017年9月发布的第九期中国金融中心指数显示,杭州金融综合竞争力全国排名第7,在长三角16个城市中仅次于上海。

表1 2014—2017年杭州市金融业增加值

时间	地区生产总值(亿元)	增长(%)	服务业(亿元)	增长(%)	金融业(亿元)	增长(%)	金融业占地区生产总值比重(%)
2014年	9201.16	8.2	5086.24	8.6	881.57	9.8	9.6
2015年	10050.21	10.2	5853.25	14.6	941.47	12.0	9.4

续表

时间	地区生产总值（亿元）	增长（%）	服务业（亿元）	增长（%）	金融业（亿元）	增长（%）	金融业占地区生产总值比重（%）
2016 年	11050.49	9.5	6768.26	13.0	987.67	6.5	8.9
2017 年一季度	2508.00	8.1	1515.00	12.0	245.42	8.9	9.8
2017 年二季度	5689.00	8.1	3534.00	11.2	527.61	7.4	9.3
2017 年三季度	9018.00	8.3	5566.00	10.2	824.07	6.3	9.1
2017 年	12556.00	8.0	7857.00	10.0	1055.00	6.8	8.4

数据来源：杭州市统计局、杭州市金融办。

一、金融服务业运行概况

（一）金融业态继续集聚

2017 年，全市新增各类银证保金融机构 37 家，包括 1 家外资银行（三菱东京日联银行杭州分行）、2 家财务公司（海亮集团财务有限责任公司、杭州锦江集团财务有限责任公司）、20 家证券营业部、14 家期货营业部，此外因统计口径调整增加了 3 家银行业金融机构。至年末，全市共有各类银证保金融机构 499 家，其中分行级以上银行机构 46 家，新型农村金融机构 8 家，农村合作金融机构 9 家，信托公司 4 家，财务公司 7 家，消费金融公司 1 家，汽车金融公司 1 家，金融租赁公司 1 家，资产管理公司 4 家，专营机构 1 家，省级以上保险机构 81 家、基金公司 1 家、证券公司 5 家、期货公司 10 家，证券营业部 248 家，期货营业部 72 家。

（二）社会融资规模较快增长

2017 年，全市新增社会融资总量 7059.15 亿元，同比多增 2046.58 亿元，增幅 40.8%。分融资种类看，以人民币贷款为主体的间接融资为 4673.68 亿元,较上年多增 1881.93 亿元,增幅 67.4%;以债券、股权融资为主体的直接融资 2385.47 亿元,较上年多增 164.65 亿元,增幅 7.4%。至年末,间接融资、直接融资占比分别为 66.2%、33.8%,显示银行渠道融资仍然占据社会融资主体地位(见表 2)。

表 2　杭州市社会融资规模及构成　　　　　　　　　　　　(单位:亿元)

融资项目		2017 年新增	2016 年新增
	地区社会融资规模	7059.15	5012.57
间接融资	人民币贷款	3109.02	3053.04
	外币贷款(折人民币)	−25.58	−266.08
	委托贷款	408.61	385.51
	信托贷款	851.02	321.67
	未贴现的银行承兑汇票	330.61	−702.39
	合计	4673.68	2791.75
直接融资	企业债券融资	1186.10	978.90
	非金融企业股票融资	509.25	801.20
	企业私募股权融资	505.80	356.43
	民间融资	69.31	−8.81
	其他	115.01	93.10
	合计	2385.47	2220.82

数据来源:人行杭州中心支行、杭州市金融办。

注:间接融资按中国人民银行杭州中心支行口径统计;直接融资按市金融办大口径统计。

(三)银行业平稳上行

1.贷款增势稳健

至年末,全市金融机构本外币各项贷款余额 29270.94 亿元,同比增长 11.85%,比全省平均水平高 1.55 个百分点,增速居全省第五位;较上年末增加 3101.94 亿元,同比多增 260.89 亿元。分月份看,除 3 月份外,其他 11 个月的贷款增加额较为平均,7 月份后同比增速加快(见图 1)。

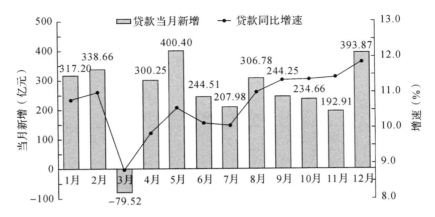

图 1　2017 年全市金融机构本外币各项贷款月度增长情况

数据来源:人行杭州中心支行。

从贷款结构看,年末全市住户贷款余额 9653.68 亿元,较上年末增长 1852.90 亿元,同比增长 23.75%;非金融企业及机关团体贷款余额 19325.93 亿元,较上年末增长 1200.98 亿元,同比增长 6.63%。从贷款期限结构看,年末中长期贷款余额 17474.96 亿元,较上年末增加 3409.86 亿元,增加额占全部新增贷款的 110%;年末余额占全部贷款的 59.7%,较年初上升 6.1 个百分点,显示贷款结构继续中长期化(见表 3)。

表 3　2017 年末全市金融机构本外币贷款余额及增幅

指标	年末数 (亿元)	比年初增长 (亿元)	同比增减 (%)
各项贷款余额	29270.94	3101.94	11.85
其中:一、住户贷款	9653.68	1852.90	23.75
1.短期贷款	2351.19	351.81	17.60
2.中长期贷款	7302.49	1501.09	25.87
二、非金融企业及机关团体贷款	19325.93	1200.98	6.63
1.短期贷款	7437.86	84.71	0.54
2.中长期贷款	10172.47	1908.77	23.76

指标	年末数 （亿元）	比年初增长 （亿元）	同比增减 （％）
3.票据融资	818.90	−860.09	−51.23
4.融资租赁	865.12	81.73	10.43
5.各项垫款	31.58	−14.14	−30.93

数据来源：人行杭州中心支行。

从贷款行业投向看，年内增幅最大的三个行业分别为信息服务业、公共设施管理业、租赁和商务服务业，增幅依次为58.98％、54.45％、42.87％；年内增长绝对额最大的三个行业分别为购房贷款、租赁和商务服务业、房地产开发，增加额依次为1114.25亿元、607.96亿元、436.58亿元（见表4）。至年末，全市购房贷款余额6431.38亿元，同比增长20.96％，增幅较上年下降26.01个百分点，反映地方房地产市场逐步趋稳。

表4　2017年全市各行业贷款情况

贷款投向行业	余额 （亿元）	比年初 增减（亿元）	同比增减 （％）
制造业	4323.35	−77.66	−1.76
批发零售业	1969.59	46.31	2.41
水利、环境和公共设施管理业	2946.32	126.63	54.45
房地产开发	2215.30	436.58	24.54
购房贷款	6431.38	1114.25	20.96
租赁和商务服务业	2026.18	607.96	42.87
信息传输、软件和信息技术服务业	341.34	126.63	58.98

数据来源：人行杭州中心支行。

从辖内七县（市、区）看，建德、临安、桐庐贷款余额增速分别为25.14％、23.86％、21.48％，分列前三（见表5）。

表5　2017年末县(市、区)本外币贷款余额占比和增速

指　标	萧山	余杭	富阳	桐庐	淳安	建德	临安
余额(亿元)	3321.65	1826.22	1139.18	403.61	214.91	306.23	541.20
占比(%)	11.35	6.24	3.89	1.38	0.73	1.05	1.85
增速(%)	10.24	17.89	6.90	21.48	15.13	25.14	23.86

数据来源:人行杭州中心支行。

2.存款"M"型增长走势

至年末,全市金融机构本外币存款余额36483.24亿元,同比增长9.28%,比全省平均增速高1.45个百分点,增速居全省第四位;较上年末增加3097.19亿元,同比少增425.05亿元。分月份看,当月新增存款增速呈"M"型走势(见图2)。

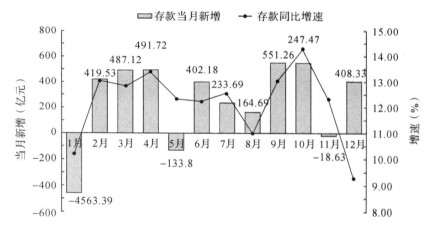

图2　2017年全市金融机构本外币各项存款月度增长情况

从辖内七县(市、区)看,临安、余杭、建德存款余额增速分别为38.44%、17.50%、15.03%,分列前三(见表6)。

表6　2017年末县(市、区)本外币存款余额及增幅

指　标	萧山	余杭	富阳	桐庐	淳安	建德	临安
余额(亿元)	3820.06	2715.47	987.35	430.96	315.21	404.08	786.86
占比(%)	10.47	7.44	2.71	1.18	0.86	1.11	2.16

指　　标	萧山	余杭	富阳	桐庐	淳安	建德	临安
增速（%）	8.08	17.50	5.76	5.71	10.08	15.03	38.44

数据来源：人行杭州中心支行。

3. 人民币跨境结算结构优化

2017 年全市跨境人民币结算累计金额 2875 亿元，较上年下降 0.24%；交易量占全省的 60.1%，较上年提高 16.2 个百分点。其中：货物贸易出口人民币结算 852 亿元，上升 6.6%；货物贸易进口人民币结算 789 亿元，下降 30%；服务贸易及其他项目人民币结算 214 亿元，下降 35.2%；跨境投融资 206 亿元，下降 67.5%。

4. 资产质量持续向好

2017 年全市银行业机构累计实现利润 298.44 亿元，占全省的 26.3%，较上年增加 154.85 亿元。至年末，全市银行业不良贷款余额 463.18 亿元，较上年末下降 14.08 亿元；不良率 1.58%，较上年末下降 0.24 个百分点，低于全省平均水平 0.06 个百分点。关注类贷款余额 838.91 亿元，占比 2.87%，较上年末下降 0.44 个百分点。不良贷款余额、不良贷款率、关注类贷款均延续了上年四季度以来的持续下降势头。

(四)证券期货业优势明显

1. 证券业交易继续领先

2017 年全市证券经营机构累计代理交易额 15.31 万亿元，同比增长 5.79%，交易额占全省的 40.4%，继续保持省内中心地位。托管市值 13357.8 亿元，同比增长 41.96%。证券投资者 598.83 万户，同比增长 28.46%。全年实现利润 9.39 亿元，同比下降 44.3%。

2. 上市公司"杭州板块"快速壮大

2017 年，全市新增境内外上市公司 28 家，增量创历史新高，超过北京，仅次于上海和深圳。至年末，杭州共有境内外上市公司 163 家（境内 128 家、境外 35 家），总数仅次于北京、上海和深圳，列全国第 4 位，合计总市值约 5 万亿元,同样列全国第 4 位,在省会城市中排名第一。新增新三板挂牌企业 35 家、省股交中心挂牌企业 775 家、股份制企业 306 家,年末挂牌并完成股改数分别为 381 家、1687 家、1808 家。

3.期货业效益显著改善

2017 年全市期货经营机构累计代理交易额 26.16 万亿元,同比下降 7.28%(全省下降 9.88%),降幅较上年末收窄 59.3 个百分点,交易额占全省的 68.9%。期货投资者 24.37 万户,同比增长 8.02%。全年实现利润 17.84 亿元,同比增长 43.76%。

4.企业股权融资继续活跃

2017 年全市股权融资 1214.55 亿元,较上年下降 142.36 亿元。其中:28 家上市公司 IPO 融资 187.68 亿元;25 家次上市公司实施定增募集资金 285.88 亿元;72 家次新三板挂牌企业实施定增募集资金 35.46 亿元;发生 13 起上市公司并购事件,涉及资金 199.73 亿元;企业私募股权融资 505.8 亿元。

5.企业债券融资纵深推进

2017 年全市债券融资 1186.1 亿元,同比增长 21.2%。其中:全市企业在银行间市场发行债务融资工具 1084.6 亿元;企业债获批 79 亿元;上市企业发行公司债 22.5 亿元。融资创新不断推进,如恒逸集团发行全国首只专项支持"一带一路"建设的企业债券;庆春路过江隧道项目资产支持计划成为全国首批发行 PPP 项目资产证券化产品之一。

6.交易场所运行平稳

至年末,全市共有交易场所 19 家,与上年持平。其中,杭交所成交金额 99.33 亿元,较上年增长 18.5%。

(五)保险业增势高位回落

2017 年,全市累计保费收入 633.71 亿元,占全省的 29.5%,同比增长 22.24%,较上年少增 16.26 个百分点,增速居全省第三。其中财产险保费收入 194 亿元,同比增长 12.5%;人身险保费收入 439.71 亿元,同比增长 27.1%。分年度看,近年保险收入规模持续扩大,近两年增速均保持在 20%以上(见表 7)。

表7　2014—2017年全市保费收入和增速

指　标	2017 年	2016 年	2015 年	2014 年
保费收入(亿元)	633.70	518.40	374.38	320.41
同比(%)	22.2	38.5	16.8	14.8

数据来源:浙江保监局。

2017年,全市保险机构累计赔付支出169.60亿元,占全省的26%,同比增长6.8%,较上年少增7.1个百分点。其中财产险赔付支出105.96亿元,增长5.93%;人身险赔付支出63.64亿元,增长8.15%。

(六)新金融业规范发展

1.私募基金业合规发展

至2017年末,全市在中国证券投资基金业协会备案的私募基金管理人1370家,同比增长63.29%,备案基金3913只,同比增长62.97%,管理资产规模3846.8亿元,同比增长51.49%。私募基金管理人家数、备案基金数、管理资产规模分别占全省的55.7%、57.7%和44.1%。

2.互联网金融平稳发展

2017年全市互联网金融业增加值191亿元,占地区生产总值比重1.5%,同比增长6.6%。全市8家拥有互联网支付业务资质的第三方支付机构(全省9家)共处理网络支付业务2.5亿笔,金额6255.22亿元,分别占全省网络支付业务的97.11%和82.52%。

3.金融科技发展迅速

至2017年末,杭州科技银行存款余额102.45亿元,同比增长28.58%;贷款余额51.87亿元,同比增长42.86%。浙江网商银行存款余额581.55亿元,同比增长31.4%;贷款余额322.48亿元,同比增长5.66%。蚂蚁金服是国内最大的金融科技公司,在全球科技企业百强榜中排名第一。蚂蚁金服、挖财、51信用卡、爱财集团、微贷网等5家企业入选中国金融科技企业50强。

(七)地方金融业理性发展

1. 地方法人银行信托金融机构强势发展

至 2017 年末,杭州银行资产总额 8321.06 亿元,同比增长 15.5%;本外币存款余额 4485.37 亿元,同比增长 21.78%;本外币贷款余额 2841.24 亿元,同比增长 15.2%;在英国《银行家》杂志全球 1000 强中排第 209 位,较上年前移 10 位;荣获"中国百强企业奖"。杭州市农信系统(8 家)资产总额 5737.71 亿元,同比增长 14.1%;存款余额 3908.53 亿元,同比增长 11.0%;贷款余额 2692.03 亿元,同比增长 15.7%。其中淳安联社、临安联社完成股份制改造,杭州联合银行在英国《银行家》杂志全球 1000 强中排第 398 位,较上年前移 62 位。全市 7 家村镇银行存款余额 69.33 亿元,同比增长 14.79%;贷款余额 79.50 亿元,同比增长 15.00%。杭州工商信托公司净资产 505.88 亿元,同比增长 49.98%,实现业务收入 10.15 亿元,同比增长 3.25%。

2. 小贷行业趋于平稳

2017 年全市小贷公司累计发放贷款 2.78 万笔,金额 272.84 亿元,其中小额贷款分别占 85.9% 和 31.3%。实现业务总收入 12.71 亿元,净利润 5.47 亿元。至年末,全市小贷公司共有 54 家,注册资金 113.2 亿元,贷款余额 130.64 亿元,其中小额贷款余额 61.78 亿元,亏损单位 5 家,较上年减少 3 家。

3. 担保行业功能增强

至年末,全市共有融资性担保机构 123 家,注册资金 137 亿元,期末在担保户数 12813 户,在保余额 463.98 亿元。2017 年全市累计发放创业担保贷款 1057 笔,金额 2.49 亿元。

4. 典当行业效益有所提升

2017 年全市累计发生典当业务 4.7 万笔,典当金额 131.72 亿元,实现利润 1.05 亿元。至年末,全市共有典当公司 81 家,注册资金 20.74 亿元,典当余额 22.52 亿元,亏损单位 30 家,较上年减少 3 家。

5. 民间融资试点运转平稳

2017 年全市 3 家民间融资服务中心(西湖区民间融资服务中心有限公司、拱墅区民间融资服务中心、余杭民间融资管理服务中心有限公司)累计撮合成交金额 33.95 亿元,4 家民间资本管理公司(杭州中新力合民间资本管理有限公司、天马力合民间资本管理公司、杭州鑫博资本管理公司、桐庐光典民间资本管理服务有限公司)累计投资金额 35.36 亿元。

二、金融工作推进情况

(一)抓根本,持续强化金融服务实体经济保障

1. 加大城中村改造、基础设施建设等重点项目投入

继续运用协调金融机构与市政府签约、金融机构支持地方经济社会发展综合评价等激励政策,引导金融机构用好增量、盘活存量,满足拥江发展战略实施、城中村改造、地铁路网建设等资金需求。2017 年与市政府签订战略合作协议的 16 家在杭银行业金融机构向我市投放各类资金 6000 亿元,超出全年约定投放资金目标 1190 亿元,目标完成率达到 125%。

2. 加大创新创业投入

引导金融机构设立专营机构,创新中小企业金融产品,如工行推出"科创小微贷",建行成立 6 家科技专营机构,杭州银行成立金融科技创新实验室。发挥政府引导基金和产业基金作用,持续降低企业融资成本,2017 年银行一般性贷款加权平均利率为 5.9%,较上年下降 0.05 个百分点。配合省金融办组织开展金融特色小镇浙江行活动,引导金融小镇与省内其他特色小镇合作签约,引导私募机构与当地企业合作。

3. 加大房地产信贷调控政策落实力度

坚持"房子是用来住的、不是用来炒的"定位,配合制定出台杭州市支持房地产平稳发展指导意见,协调落实相关房地产信贷条款,满足居民合理住房信贷需求。

4. 加大前瞻性金融研究

围绕金融热点难点调研,完成《杭州市信贷运行情况分析》《关于加快推进杭州市国企上市的调查》等多篇调查报告,得到多位省市领导书面肯定,并被批转至相关部门。构建金融信息交流机制,其中编辑钱塘江金融港湾专题简

报 12 期。有效发挥出金融参谋助手作用。

(二)抓平台,推进打造钱塘江金融港湾和国际金融科技中心

1. 完善顶层设计

制定出台《杭州市人民政府关于加快推进钱塘江金融港湾建设的实施意见》(杭政函〔2017〕79 号),同时引导各县(市、区)制定辖区落实政策,形成市、县(市、区)两级支持合力。

2. 加强规划引领

结合杭州市拥江发展战略,进一步完善港湾发展布局,分县(市、区)推进规划修编评估,促进产城融合。把握金融与科技深度融合发展潮流,完成《杭州市建设国际金融科技中心的研究报告》,把金融科技作为今后杭州金融产业发展的主攻方向之一,明确建设杭州国际金融科技中心。

3. 优化差异化发展格局

会同市相关部门、各县(市、区)政府,强化培育、合力招商、优化布局。其中引导中信银行杭州分行、浙商证券等总部项目入驻以钱江新城、钱江世纪城为主的"1"核心区,进一步强化其金融核心功能。支持以山南基金小镇为代表的"X"金融集聚区加速发展,2017 年末 5 个省市级金融特色小镇已集聚各类金融服务机构近 3500 家,资产管理规模超万亿元,其中山南基金小镇获评首批省级特色小镇,西湖区成功挂牌省内首个并购金融街区(白沙泉并购金融街区)、首个市级互联网金融楼宇(互联网金融大厦)、首个区块链产业园区(西溪谷区块链产业园)。

4. 积极引进高端金融人才

用足用好两轮"人才新政",修订完善金融人才分类认定标准,大力招引、培育一批金融高端人才和经营性人才。选取山南小镇作为金融人才管理改革试验区进行试点。

5. 加快项目化推进步伐

制定《杭州市推进钱塘江金融港湾建设 2017 年度重点项目责任分解方案》,规划年度重点项目 67 个,年末进展基本达到预期目标,其中钱塘江金融城项目实现开城,签约落户 Money20/20 金融科技博览会、大公国际、国新控

股、太平集团旗下省交投基金、浙商产融股权投资基金等重大项目。

6. 办好高端论坛峰会

精心筹备,成功举办首届钱塘江论坛、全球区块链金融峰会、首届杭州湾论坛、中国上市公司董秘百人会等高端论坛峰会 20 多个,有效扩大了港湾在国内外的影响力。

(三)抓上市,大幅提升企业利用资本市场能力

1. 全力推动企业上市

组织召开全市推动企业利用资本市场加快发展大会、上市公司座谈会,参与落实全省"凤凰行动"计划。与上交所、深交所、浙江股权交易中心签订战略合作备忘录,大力推动企业上市、并购重组、再融资"三管齐下"。发挥企业上市工作联席会议机制作用,健全上市企业梯队培育机制,推动股改规范,建立分层次、分行业、分梯队后备企业清单。

2. 做实上市服务

支持在杭证券期货机构不断做大做强,其中浙商证券在 6 月份上市,财通证券在 10 月份上市。与深交所合作举办了 1 期深交所拟上市企业董秘培训班。与上交所、深交所上市培育基地和新三板路演平台合作,组织开展上市全流程培训和演练。编制发布《杭州上市公司 2017 年度白皮书》。继续会同市财政局开展上市扶持政策兑现。

3. 支持扩大直接融资

召开部分国企上市工作座谈会,配合相关部门合力解决市属国企同业竞争、国资报批困难、股权激励不规范等机制体制性问题,支持国企做大做强。支持上市企业开展对高端技术、品牌、人才及渠道等标的的并购重组。支持中小微企业、双创企业发行新型债券产品,不断提高直接融资占比。因工作出色,杭州市政府被授予"地方政府推动企业上市突出贡献奖"。

(四)抓防控,扎实做好地方金融维稳保障

1. 扎紧地方金融风险防控篱笆

组织实施防范非法集资宣传月系列活动,完善健全处非机制和安全防线,

稳妥有效地处置非法集资线索和案件。开展互联网金融风险专项整治和 ICO 清理,共排查互联网相关企业 3000 余家,其中清退问题企业 400 余家,取缔 11 家。配合处置龙炎集团等特大非法集资案。开展交易场所清理整顿"回头看",严厉打击非法"校园贷",参与众多出险企业风险化解。加强重点行业、地区和企业"两链"风险的排查,落实困难企业分类帮扶工作机制,实现"两链"风险企业报告家数和涉贷金额稳中有降。继续推动不良资产证券化、不良资产收益权等工作。

2.提升全社会抗风险能力

加大与经信委、科委等部门的配合,为企业提供转贷服务,节约企业转贷成本。调整充实融资担保体系建设领导小组,制定出台《杭州市人民政府关于推进政策性融资担保体系建设的实施意见》,确定杭州高科技担保有限公司和杭州供销农信担保有限公司为市本级政策性担保机构,把供销农信注册资本由原来的 5000 万元增加至 1 亿元,督促完成全市 13 个县(市、区)的方案制定、机构组建,增强企业资金可获得能力。

3.巩固非法金融活动长效防范机制

组织召开全市打击经济犯罪暨防范处置非法金融活动工作视频会议,成立市打击经济犯罪联席会议和防范处置非法金融活动领导小组,加大打击非法金融活动宣传力度,不断拓展非法金融活动防范打击的广度和深度。设立全国首家证券期货纠纷巡回法庭,设立华东首家派出金融法庭,这也是全国首个"金融纠纷一站式化解平台",可快速、低成本解决投资者纠纷。

(五)抓履职,不断巩固地方金融长效监管机制

1.深化金融体制机制改革

按照中央、省里统一部署,推动建立市、县(市、区)两级金融工作议事协调机制,统筹地方金融改革发展与监管。继续完善地方金融监管职责,深化部门合作。

2.强化对外交流合作

巩固与"一行三会"在杭机构的联系交流,构建较完善的中央与地方协同监管机制,定期分析地方金融发展状况。巩固与国内其他 14 个副省级城市金

融办(局)间的联络机制。

3.加强地方金融管理力量

增强地方金融管理力量配备,完成市金融办新一轮干部人事选聘。加强现有5个金融行业协会建设,促进其发挥桥梁纽带作用,引导行业规范发展,指导杭州市互联网金融协会成立联合党支部。引导增配县(市、区)金融办工作人手,压实属地监管责任,落实金融监管督查机制。

2017 年杭州市金融运行报告

中国人民银行杭州中心支行

2017 年,在市委、市政府领导下,我市金融系统深入贯彻落实市委市政府决策部署,紧紧围绕杭州湾经济区、钱塘江金融港湾、城西科创大走廊、跨境电商综试区、国家自主创新示范区等重大发展战略,强化金融保障、提升金融服务、推进金融改革、维护金融环境,有力推动了我市经济社会持续健康发展。

一、2017 年杭州市金融运行情况

2017 年以来,面对复杂严峻的国内外环境和转型升级的压力挑战,全市金融系统团结协作,确保我市金融运行总体平稳,主要指标继续保持在全省乃至全国的优势地位。全年金融业实现增加值 1055 亿元,同比增长 6.8%。金融业增加值占全市 GDP 的 8.4%。

(一)银行业总体稳健,货币信贷运行平稳

全市银行业按照宏观调控要求,认真落实稳健货币政策,改革发展工作有效推进。银行业规模有所扩大,经营效益有所上升,信贷总量适度增长,结构持续调整。

1.银行业规模有所扩大,经营效益显著提升

截至 2017 年末,在杭银行业金融机构共有 75 家①。全年实现利润 298.44 亿元,比年初增长 150.91 亿元,同比上升 107.84%。

---

① 包括政策性银行 3 家,国有商业银行 5 家,股份制商业银行(浙商银行为总行)12 家,邮政储蓄银行 1 家,城市商业银行 12 家,农村合作金融机构 8 家,村镇银行 7 家,外资银行 11 家,民营银行 1 家,信托公司 4 家,租赁公司 1 家,财务公司 7 家,资金互助社 1 家,消费金融公司 1 家,汽车金融公司 1 家。

表 1 　2017 年末杭州金融机构本外币存贷款情况　　　单位：亿元

机　构	存款余额	贷款余额
政策性银行	496.82	4062.81
商业银行	29101.07	19740.90
其中：国有商业银行	13098.80	8489.06
股份制商业银行	10539.14	7847.56
城市商业银行	5463.13	3404.28
农村合作机构	3884.10	2702.30
邮储银行	602.52	729.54
村镇银行	69.33	79.50
民营银行	581.55	322.48
财务、信托、租赁公司	875.87	1419.53
外资银行	407.11	323.16

数据来源：中国人民银行杭州中心支行。

2.存款增长总体平稳，广义政府存款①增长较快

截至 2017 年末，全市金融机构本外币存款余额 36483.24 亿元，同比增长 9.28％；2017 年存款累计新增 3097.19 亿元，同比少增 425.05 亿元。从存款结构看：一是住户存款同比少增。2017 年，全市住户存款新增 177.16 亿元，同比少增 698.36 亿元。二是非金融企业存款稳步增长。2017 年，全市非金融企业存款新增 1838.31 亿元，同比多增 320.68 亿元，增长 12.69％。三是广义政府存款增长较快。2017 年全市广义政府存款余额 7162.60 亿元，同比增长 23.7％。其中，全市财政性存款和机关团体存款余额分别是 1422.41 亿元和 5740.19 亿元，分别同比增长 175.04％和 8.85％。四是 2017 年全市非银行业金融机构存款余额 4077.60 亿元，同比下降 9.27％。

3.贷款增势稳健，贷款期限结构持续优化

截至 2017 年末，全市金融机构本外币各项贷款余额 29270.94 亿元，同比增长 11.85％，增速高于全省 1.55 个百分点；全年累计新增贷款 3101.94 亿

———————
① 广义政府存款＝财政性存款＋机关团体存款。

元,同比多增 260.89 亿元。从贷款结构看,年末全市住户贷款余额 9653.68 亿元,较上年末增长 1852.90 亿元,同比增长 23.75%;非金融企业及机关团体贷款余额 19325.94 亿元,较上年末增长 1200.99 亿元,同比增长 6.63%。从贷款期限结构看,年末中长期贷款余额 17474.96 亿元,较上年末增加 3409.86 亿元,增加额占全部新增贷款的 110%;年末中长期贷款余额占全部贷款的 59.7%,较年初上升 6.1 个百分点。

(二)证券业发展态势良好,融资规模快速提升

2017 年,杭州证券行业发展势头较好,期货行业平稳发展,多层次资本市场建设持续推进,资本市场功能有效发挥。

表 2 2017 年证券业基本情况

项 目	数 量
总部设在辖内的证券公司数(含资管公司)(家)	5
证券营业部数(家)	248
总部设在辖内的基金公司数(家)	1
总部设在辖内的期货公司数(家)	10
期货营业部数(家)	72
年末境内上市公司数(家)	128
境内上市公司年度累计募集资金总额(亿元)	483.09
其中:首次发行累计筹资额(亿元)	170.71
再融资累计筹资额(亿元)	312.38

数据来源:浙江证监局。

1. 证券期货业发展态势平稳

2017 年末,全市法人证券公司(含资产管理公司)5 家,证券营业部 248 家,证券投资咨询机构 2 家。证券经营机构全年累计代理交易额 15.31 万亿元,同比增长 5.79%;实现利润 9.39 亿元,同比下降 44.34%。各法人证券公司继续推动证券经纪业务转型和产品创新。期货业发展总体平稳,期货经营机构代理交易额 26.16 万亿元,同比减少 7.28%;实现利润 17.84 亿元,同比增长 43.76%。

2.资本市场新增挂牌家数较多

2017 年末,全市共有境内上市公司 128 家,其中,主板上市公司 58 家,中小板块上市公司 34 家,创业板上市公司 36 家;同时新增"新三板"挂牌企业 35 家,累计达到 382 家。同时,杭州多层次资本市场体系不断丰富,浙江省股权交易中心发展速度较快,截至 2017 年末,浙江股权交易中心挂牌企业 1687 家,新增 775 家。全市备案的私募基金管理人 1370 家,同比增长 63.29%,备案基金 3913 只,同比增长 62.97%,管理资产规模 3846.8 亿元,同比增长 51.49%。

(三)保险业稳步发展,保障作用有效发挥

2017 年,全市保险业积极推进改革创新,市场体系日益完善,资产规模稳步增长,服务领域继续拓宽,经济补偿和风险保障功能有效发挥。

1.保险机构体系日益完善

截至 2017 年末,全市共有各类保险机构 662 家,保险专业中介法人机构 72 家。保险机构、中介机构、行业社团共同发展的市场格局更趋成熟(见表3)。

表 3　2017 年杭州保险业基本情况

项　目	数　量
总部设在辖内的保险公司数(家)	3
其中:财产险经营主体(家)	1
寿险经营主体(家)	2
保险公司省级分支机构(家)	81
其中:财产险公司分支机构(家)	36
人身险公司分支机构(家)	45
保费收入(中外资,亿元)	633.71
财产险保费收入(中外资,亿元)	194.00
人寿险保费收入(中外资,亿元)	439.71
各类赔款给付(中外资,亿元)	169.61

数据来源:浙江保监局。

2.经营效益提升较多

2017 年,全市保险公司保费收入 633.71 亿元,同比增长 22.24%。其中,财产险保费收入增长 12.5%,人身险保费收入增长 27.1%。保险业经营效益继续平稳增长,法人机构偿付能力有所改善,投资收益情况良好。

3.保险保障功能发挥良好

政策性农业保险平稳推进,参保规模提升,新险种开发加快。政策性农房保险实现承保全覆盖。出口信用保险保障作用有效发挥,企业积极通过保险追偿、赔付挽回损失。小额贷款保证保险不断扩面。2017 年支付各类保险赔偿款 169.61 亿元,同比增长 6.8%。

(四)市场融资不断扩大,各类市场稳步发展

2017 年,金融市场继续保持平稳健康发展态势,融资规模扩大,金融资源配置继续优化。

1.融资总额有所提升,债务融资工具增长较快

2017 年,全市非金融部门以贷款、企业债务工具、股票三种方式融入资金总额分别为 3102 亿元、1089 亿元和 428.91 亿元。其中,企业债务融资规模增长最快,较上年增长 29%。

2.同业拆借交易增速下滑明显,净拆入规模同比增加

2017 年,全市银行间市场成员累计拆借 48422.6 亿元,同比增长 24.7%,增速较上年下降约 55.8 个百分点。净拆入资金共计 38879.6 亿元,同比增加 32.1%。

3.黄金市场交投活跃,外汇市场稳步发展

2017 年,全市银行业法人金融机构在上海黄金交易所共开展黄金业务 5371 亿元,较上年增长 9 倍。全市在银行间即期外汇市场的交易币种以美元为主,交易方式以询价交易为主。

(五)金融服务不断优化,各项业务快速发展

1.信用体系建设成效显著

一是征信系统建设稳步推进,征信覆盖面持续扩大。截至 2017 年末,全

市全年累计查询 2318 万笔,共有 50 家小额贷款公司、村镇银行等小微机构接入系统,系统覆盖面和服务范围有效延伸。二是多元化、多层次的征信市场体系逐步形成。截至 2017 年末,全市共有 4 家机构完成企业征信机构备案,累计采集 6411 万家企业的 1.76 亿条企业信息,对外提供 4743.7 万次企业征信服务。三是中小企业和农村信用体系建设持续深化。截至 2017 年末,全市累计为 3.38 万家尚未与银行发生信贷关系的中小企业建立信用档案;已累计为 1087 万农户建立了信用档案,对其中 620 万农户发放了贷款,起到有效的金融支农惠小的作用。

2. 支付服务市场健康有序发展

一是推进支付清算基础设施应用管理。2017 年,杭州市通过大、小额支付清算系统办理支付业务 1.91 亿笔、金额 203.98 万亿元,同比分别增长 20.98% 和 27.72%。二是强化支付市场监督管理。持续打击防范电信网络新型违法犯罪,开展支付机构风险专项整治及预付卡违规经营整治专项行动。三是着力优化企业开户服务。根据"最多跑一次"改革要求,积极参与"证照联办","线下"实现外贸企业注册登记同步申请开户。2017 年,杭州市共有 32 家银行机构已上线运行预约银行开户系统。四是深化城乡支付环境建设。组织实施"智慧支付工程"和"移动支付便民示范工程",电子支付方式在民生领域得到广泛应用[①]。五是银行卡助农服务提质增效效果显著。截至 2017 年末,全市共设立银行卡助农服务点 1708 个,覆盖 1547 个行政村,实现了在金融服务空白行政村的全覆盖。

3. 外汇管理服务更加便利

截至 2017 年末,全市有 1119 个银行机构网点开办结售汇业务,234 个银行机构网点开办远期结售汇业务,128 个银行机构网点经营期权业务。推进外汇资金集中运营试点改革,全市全年累计有 23 家企业纳入外汇资金集中运营管理试点,2017 年全年跨境收支 28.06 亿美元,占全省的 55.06%。2017 年全市共办理 99 家跨国企业跨境人民币双向资金池业务备案,可融入资金规模

---

① 杭州成为全国首个公交领域全面受理银联"云闪付"、首个实现地铁领域"云闪付"联机交易的城市。

2500 亿元。

4.跨境人民币业务发展放缓

截至 2017 年末,杭州市跨境人民币累计结算量 2875 亿元,占全省的 60%。其中,货物贸易出口人民币结算 851 亿元;货物贸易进口人民币结算 1640 亿元;服务贸易及其他项目人民币结算 214 亿元,同比增加 100.22%;跨境投融资 205 亿元,同比增长 58.2%。全市累计有 41 家银行、3356 家企业与 100 个国家和地区开展跨境人民币业务,参与主体范围和地区分布更加广泛。跨境人民币贸易累计融入资金 91 亿元,有效满足了出口企业的融资需求。

二、需要关注的几个问题

(一)小微企业融资服务仍待进一步改善

尽管我市在小微企业融资服务方面做了不少工作,也取得了一些成效,但短板仍较突出。一是银企信息不对称。目前小微企业信用信息平台、信用信息共享机制推进力度仍然不足。二是小微贷款尽职免责制度和不良贷款追责机制有待完善。三是小微金融体制机制创新仍然有待深化,配套激励机制仍有待健全。

(二)实体企业投资增长动能有待提升

2017 年,除了去年基数较高的原因外,我市实体经济投资仍总体偏弱。统计数据显示,2017 年我市工业固定资产投资 861 亿元,同比增长 0.5%;工业技改投资 643 亿元,同比增长 1.6%;重大产业项目投资 1791 亿元,同比增长 0.1%。从贷款需求端看,当前我市工业企业投资意愿仍较弱。我行银行家问卷调查显示,2017 年杭州市工业企业总体贷款需求指数呈逐季下降趋势。

(三)地方政府建设项目后续融资值得关注

2017 年财政部等部委先后下发了财预〔2017〕50 号和 87 号等文件,加强地方政府债务管理。全市金融部门认真落实文件精神,对存量地方政府融资业务开展合规性整改工作,对于新增项目贷款也将按政策要求进行审批。同时,87号文等明确了政府购买服务的范围,并列出了负面清单,但对于存量部分的清理整改尚无非常明确的政策,存在一定的风险隐患。

(四)潜在金融风险防控压力犹存

从不良贷款看,截至12月末,全市不良贷款463.18亿元,不良贷款率1.58%,较年初下降0.24个百分点,低于全省0.06个百分点,继续保持下降态势,但潜在金融风险仍不容忽视。一是存量不良贷款处置难度增大。二是不良贷款先行指标仍处相对高位。截至12月末,关注类贷款余额838.91亿元,占比2.87%。三是部分区域风险防控形势仍不乐观。辖内部分地区不良贷款率大幅高于全省和全市总体水平。四是"两链"风险仍需密切关注。

三、下一步工作重点

2018年,是贯彻党的十九大精神的开局之年,做好我市金融工作意义重大。我市金融系统在市委市政府领导下,认真贯彻党的十九大、中央经济工作会议、全国金融工作会议和全省经济工作会议精神,结合杭州转型发展战略,做好新时代杭州金融工作,不断推动我市经济高质量发展,开创新局面。初步考虑重点抓好四个方面的工作。

(一)保持金融总量平稳增长

中央经济工作会议强调,"2018年稳健的货币政策要保持中性,管住货币供给总闸门,保持货币信贷和社会融资规模合理增长"。在此政策背景下,我行将认真落实货币政策和宏观审慎调控双支柱框架,确保融资总量保持合理增长,保障我市实体经济发展的资金需求。引导和督促金融机构做好存量盘活工作,把沉淀在落后和过剩产能行业等领域的资金腾挪出来,支持更具成长性的领域,促进新动能培育。同时,继续拓宽直接融资渠道,加大对非金融企业发行债务融资工具的支持,扩大绿色债务融资工具发行规模,探索双创债务融资工具发行；支持金融机构发行二级资本债补充资本，发行专项金融债拓宽资金来源，发行信贷资产证券化产品盘活存量资产，增强金融服务我市经济社会发展的能力。

（二）深入推进供给侧结构性改革

积极对接城西科创大走廊、钱塘江金融港湾、之江实验室等战略平台，着力推动传统产业改造提升，加快推动高端装备制造、智能制造等新动能加快形成，继续推动科技金融、绿色金融、文化金融发展。加大对亚运会场馆、地铁 3 期、高速铁路、租赁住房建设、棚户区（城中村）改造等我市重点项目的金融支持，积极拓宽融资渠道。探索建立货币政策工具与信贷政策结合的长效机制，用好用活再贷款、再贴现、准备金和 PSL 等工具，扩大对"三农"和小微企业信贷投放，引导政策性金融机构加大对我市重点项目的支持力度。根据房地产市场形势，积极配合市政府做好房地产调控工作，做好政策储备和引导，促进杭州房地产市场平稳健康发展。根据国务院关于加快培育租赁市场要求，推动房地产信托投资基金（REITs）等创新产品发行，争取先行先试，加大对住房租赁企业的金融支持。

（三）持续深化金融改革创新

深化金融改革是全国金融工作会议提出的三项任务之一，从杭州看，金融改革已成为推动经济金融良性互动发展的重要动力。接下来，我市金融系统要按照市委市政府部署，支持钱塘江金融港湾等金融大平台建设，打造杭州金融科技和财富管理创新高地。同时围绕跨境电商综试区、eWTP 杭州实验区、自主创新示范区等，不断深化和拓展外汇管理及金融改革政策效果，加强对辖内商业银行窗口指导和业务推动，不断提升跨境人民币服务实体经济和促进贸易投资便利化的广度和深度，持续扩大改革红利。

（四）有效维护区域金融稳定

中央经济工作会议将防控金融风险作为打好防范化解重大风险攻坚战的重点。杭州的风险形势总体好于全省、好于全国，但也存在"两链"风险等难点需要破解。下一步我行将依托与市中院建立的行院合作机制,推动金融机构加强对破产重整程序的运用,同时继续推动债转股工作,助推企业去杠杆。继续做好互联网金融专项整治,与相关部门加强监管合作,配合地方政府加强对互联网金融企业联合整治,研究建立长效监管机制,防范互联网金融风险,净化金融市场秩序。严厉打击恶意逃废债,共同维护我市良好的金融生态环境。

运 行 篇

2017 年杭州市银行业运行情况

浙江银监局

2017 年,杭州银行业金融机构在市委、市政府的关心支持和监管部门的引导推动下,积极服务国家战略和省市重大战略,深入推进钱塘江金融港湾、国家级"两区"、金融特色小镇建设,全力支持实体经济发展,强化金融乱象整治,维秩序、控风险、补短板,有力促进杭州经济金融稳中向好、稳中向优发展。

一、强化信贷保障,提升金融服务实体经济质效

坚持服务实体经济的根本导向,出台提升银行业服务实体经济质效 20 条意见,召开优化服务实体经济工作会议,率先探索建立"考评、评估、评价"三项机制,系统谋划、分类施策、精准发力,全力支持杭州市经济转型发展。一是信贷总量稳步增长。2017 年末,全市银行业各项贷款余额 29271 亿元,比年初增加 3102 亿元,同比增长 11.85%,增速分别高于宁波和全省同期 4.99、1.55 个百分点。2017 年全年,杭州银行业新签银团贷款项目 83 个、金额 1355 亿元,项目数和金额均位居全省首位,全力保障国家战略落地杭州和各类重点项目建设的资金需求。积极支持城中村改造工程,提高城市功能品质,保障性安居工程贷款比年初增加 604 亿元,棚户区及垦区危房改造贷款比年初增加 607 亿元,同比增长 81%。深入实施"一号工程",持续加强新兴领域支持力度,战略性新兴产业贷款比年初增加 314 亿元,其中,节能环保产业、新一代信息技术产业贷款分别增加 131 亿元、63 亿元。二是深化科技金融和绿色金融"双驱动"。总结推广"双创"批量融资模式,打造专业化科技金融"四专模式"[①],积极

---

① 专门的组织体系、管理机制、金融产品、服务模式等方面。

对接杭州国家自主创新示范区、城西科创大走廊、城东智造大走廊、之江实验室、滨江高新开发区等建设。持续引导全市银行业深入践行"两山"理论,打响绿色金融杭州品牌。2017 年末,全市水利、环境和公共设施管理业贷款比年初增加 947 亿元,同比增长 63.6%。三是深入推进普惠金融。大力推进"两扶一增"战略,专门出台"普惠金融新十条",完善评价办法,健全信用体系,提升信息化水平,构建立体化服务渠道,推进"跑街+跑数"的"双跑"模式。总结推广"'三权'抵质押贷款""农民资产受托代管融资""村级互助担保组织合作"等模式。普惠金融信贷可获得性明显提升,2017 年末,全市小微企业贷款余额 7275 亿元,新增 590 亿元,继续保持全省首位,小微企业贷款户数和申贷获得率均高于上年同期。

二、全力防控风险,严守金融风险底线

坚持在发展中防控风险,在创新中化解风险,加大风险防范化解工作力度,守住不发生系统性金融风险的底线。2017 年末,全市银行业不良贷款率低于全省 0.06 个百分点,年末不良贷款率、逾期贷款率、关注类贷款率同比实现"三降"。一是强化风险源头治理。制定银行业控风险要点 30 条,细化并压实十大风险防控任务,牢牢守住风险底线。加强风险形势分析研判,认真做好信用风险隐患排查,努力遏制增量风险,提升"拆圈解链"质效。严管交叉性金融风险,按照穿透原则和实质重于形式的原则,对同业投资业务严格控制风险集中度,对理财业务建立"三单"①机制,严格控制嵌套投资,加强涉及跨市场、跨机构信托产品的监管。推进信用风险防控系统化、机制化,制定规范信贷风险管理意见 13 条。建立健全操作风险监测评估体系,运用"四表""两评""三机制"②进行监测、识别和分析。完善流动性风险防控机制,强化机构、监管、同业"三道防线",守住流动性风险"生命线"。二是加快不良贷款处置。加快推进银行不良资产处置,升级押品交易信息平台,鼓励银行综合运用批量转让、核

---

① 单独管理、单独建账和单独核算。

② 四表:基本情况表、重点监测指标表、内部检查问题统计表、监管检查问题统计表。两评:从监管维度和机构维度定期开展操作风险评估。三机制:定期通报反馈、风险提示和交流联动。

销、现金清收等方式加快处置,处置力度持续加大。三是全力化解"两链"风险。全面开展信用风险专项排查,重点推进"化圈解链",建立涉担保圈企业授信监测机制,总结推广担保圈风险"化解九法"①,加强担保风险识别监测,推广运用担保圈风险识别预警系统,通过压缩退出、调整担保方式、变更担保主体等断圈解链措施,加快"断圈解链",逐步稳妥化解担保圈风险。

三、深化改革创新,营造金融发展新格局

抓住"后峰会、前亚运"机遇,围绕杭州建设"区域性金融服务中心"的目标,积极推动健全完善多层次、广覆盖、有差异的银行业金融机构体系。一是持续完善机构体系。加强工作推动指导,支持海亮集团财务有限责任公司从诸暨迁至滨江区,推动锦江集团财务有限责任公司、三菱东京日联银行杭州分行获批开业。不断丰富机构服务功能,全年新设银行网点38个。目前,全市已设有小微企业专营支行111家、社区支行149家。二是深入推进法人机构改革发展。持续加强对辖内民营银行市场定位、公司治理的引导,支持法人机构和民营银行发展,批复同意杭州银行发行优先股,指导浙江网商银行打造自身特色,科学稳健发展。浙江网商银行在全国小微企业金融服务电视电话会议上作典型发言,得到国务院领导高度肯定。打赢股改"攻坚战",杭州辖内农村合作机构全部完成股份制改造。三是积极对接区域性金融改革试点。引导银行业积极支持杭州跨境电商综试区建设及电商企业发展,充分发挥银行业在系统平台对接、跨境金融服务、特色金融产品等方面的优势,创新产品和服务模式。召开服务贸易专题座谈会,积极引导银行机构对接服务贸易创新发展工作,创新适合服务贸易特点的金融产品和服务模式。大力支持杭州钱塘江金融港湾、城西科创大走廊等发展战略,突出钱塘江金融港湾要素资源保障,为港湾内重大项目建设、高新技术产业发展等领域提供金融支持。

---

① 解链九法:银团贷款法、授信聚拢法、延缓追偿法、外部收购法、资产重组法、增量造血法、担保熔断法、债务瘦身法、破产退出法。

四、严格依法监管，维护良好金融秩序

针对金融市场乱象，敢于亮剑、敢于碰硬、敢于揭盖子，坚决维护金融稳定。一是加强重点领域金融风险防控。梳理银行业在管理、经营、竞争与创新中存在的 18 种失序行为，归纳 110 种问题表现，部署全辖银行业清单式排查。稳妥有序开展银行业"治乱象、维秩序""三违反""三套利""四不当""两个加强、两个遏制""回头看"等专项治理工作，推动机构做深做实自查和"上查下"工作，维护银行业市场秩序。二是强化消费者权益保护。建立消保考核评价制度，对"专区双录"实施情况开展专项评估检查，扩大金融知识宣传教育覆盖面，开展普及金融知识"双百"行动、"金融知识进万家宣传月"活动，开展走进社区、走进农村等系列活动 45 场，各类媒体宣传报道 3500 多次，覆盖客户8000 万人次。加快多元化纠纷解决机制建设，积极发挥第三方调解组织纠纷分流作用，指导成立省银行业人民调解委员会，率先实现第三方调解全覆盖。三是深化互联网金融专项整治。联合开展 P2P 网络借贷、校园网贷风险等专项整治工作，净化互联网金融环境。开展"浙江省防范和打击非法校园贷主题宣传月"活动，建立银校对接长效机制、部门联合协同机制、媒体跟进推广机制，营造健康和谐的高校金融消费环境。组织银行业开展防范和处置非法集资风险大排查，积极配合打击电信网络新型违法犯罪，简化电信诈骗冻结资金返还程序。持续完善推广银行业联合惩戒逃废债工作机制，联合公安部门开展浙江银行业联合惩戒失信行为暨"百日会战集中行动"。

2017 年杭州市资本市场发展报告

浙江证监局

2017 年,在有关部门的不懈努力和通力配合下,杭州资本市场抓住国内、省内经济稳中有进、稳中向好的有利时机,迎难向上,在复杂的形势下保持稳定健康发展。

一、杭州资本市场发展概况

(一)企业上市挂牌节奏较快,后备资源充足

2017 年,杭州新增境内外上市公司 28 家,占全省新增总数的 30.23％;新增新三板挂牌企业 35 家,占全省新增总数的 27.13％,均位居全省第一。截至 2017 年底,杭州共有境内上市公司 128 家,其中中小板上市公司 34 家、创业板上市公司 36 家;新三板挂牌企业 382 家;浙江股权交易中心挂牌企业 1687 家。另外,全市尚有拟境内上市企业 89 家,其中辅导期企业 58 家,已报会待审核企业 29 家,已过会待发行企业 2 家。杭州企业上市、挂牌速度较快,在各个市场板块之间形成明显的梯队效应,为后续发展打下较好基础。

(二)首发融资持续增长,再融资略有下降

2017 年,杭州共有 26 家公司在境内 A 股市场完成 IPO,融资 170.71 亿元,同比增长 28.72％。其中,15 家公司在主板上市,融资 136.68 亿元;2 家公司在中小板上市,融资 5.63 亿元;9 家公司在创业板上市,融资 28.40 亿元。28 家上市公司实施再融资,募集资金 312.37 亿元,同比下降 38.38％。其中,24 家上市公司进行增发融资,募集资金 289.88 亿元,同比下降 34.64％;4 家

上市公司发行公司债,募集资金 22.5 亿元,同比下降 64.57%。如表 1 所示。

表 1　2017 年杭州境内上市公司情况

指标名称	2016 年年末数	2017 年新增数	2017 年年末数
境内上市公司(家)	102	26	128
其中:主板(家)	43	15	58
中小板(家)	32	2	34
创业板(家)	27	9	36
募集资金(亿元)	2372.12	483.09	2855.21
其中:首发募资(亿元)	639.2	170.71	809.91
其中:主板(亿元)	214.86	136.68	351.54
创业板(亿元)	163.18	28.4	191.58
再融资(亿元)	1732.92	312.37	2045.29
已报会企业(家)	48	—	31
辅导期企业(家)	50	—	58

(三)证券经营机构回归本源,服务实体能力提升

截至 2017 年底,杭州共有证券公司 5 家,证券公司分公司 43 家,证券营业部 248 家,证券投资咨询机构 2 家;全市证券投资者开户数 598.83 万户;证券经营机构托管市值 1.34 万亿元,客户交易结算资金余额 344.49 亿元。2017 年,全市证券经营机构共实现代理交易额 15.31 万亿元、手续费收入 33.16 亿元,利润总额 9.39 亿元。杭州证券经营机构上市实现"零"的突破,浙商证券、财通证券均顺利完成首发上市,募集资金 69 亿元,资本实力和抗风险能力大幅增强。证券公司充分发挥专业中介作用,助推地方产融结合,财通证券、浙商证券为各类企业完成直接融资规模 1148 亿元,设立参与产业基金 4 只,管理规模 126.4 亿元;积极参与钱塘江金融港湾建设。如表 2 所示。

表2　2017年杭州证券期货经营机构情况

指标名称	2016年年末数	2017年新增数	2017年年末数
证券公司（家）	5	0	5
证券营业部（家）	228	20	248
证券投资咨询机构（家）	2	0	2
基金公司（家）	1	0	1
已登记私募基金管理人（家）	839	531	1370
已备案私募基金（只）	2401	1512	3913
已备案私募基金管理规模（亿元）	2539.32	1423.68	3963
证券从业人员（人）	4919	579	5498
期货公司数（家）	10	0	10
期货营业部数（家）	58	14	72
期货从业人员（人）	2381	169	2550

（四）期货公司发展领先，期现结合成效明显

截至2017年底，杭州共有期货公司10家，期货公司分公司9家，期货营业部72家；全市期货投资者开户数24.37万户，客户保证金余额328.29亿元。2017年，全市期货经营机构共实现代理交易额26.16万亿元、手续费收入14.23亿元、利润总额17.84亿元；期货公司共实现代理交易额32.04万亿元、营业收入37.16亿元、利润总额16.94亿元。在2017年期货公司分类评价中，永安期货、南华期货、浙商期货获评AA。杭州6家期货公司风险管理子公司通过合作套保、仓单串换、场外期权等业务模式，探索出了一条服务实体经济的新路径，2017年累计服务企业1741家次，提供服务的交易品种涵盖化工、农产品、贵金属等50余个品种，发挥了为实体企业降成本、提效益的积极作用。如表3所示。

（五）私募行业持续壮大，基金小镇特色突出

2017年，杭州私募基金行业继续保持快速增长态势，私募基金产品数量和规模不断上升。截至 2017 年底,杭州共有 1370 家私募基金管理人完成登记,发行产品 3913 只,管理资产规模 3963 亿元。杭州私募基金集聚区建设更具规模,杭州玉皇山南基金小镇、余杭天使小镇等特色小镇的集聚效应日益显著。2017 年,我局会同浙江省金融办下发《加强金融特色小镇私募投资基金行业健康发展的工作指引》,金融特色小镇内私募机构的规范运作意识和水平大大提升。

表 3 2017 年杭州证券期货交易情况

指标名称	2016 年年末数	2017 年年末数
证券经营机构代理交易金额(亿元)	144690.43	153069.37
其中:A、B 股交易额(亿元)	95651.62	85072.74
基金交易额(亿元)	3979.64	1969.81
证券经营机构代理交易手续费收入(亿元)	40.19	33.16
证券经营机构利润总额(亿元)	16.87	9.39
证券经营机构托管市值(亿元)	9409.78	13357.75
证券经营机构客户交易结算资金余额(亿元)	442.1	344.49
证券投资者开户数(万户)	466.17	598.83
期货经营机构代理交易金额(亿元)	282130.13	261583.67
期货经营机构代理交易手续费收入(亿元)	13.8	14.23
期货经营机构利润总额(亿元)	12.41	17.84
期货经营机构客户保证金余额(亿元)	341.18	328.29
期货投资者开户数(万户)	22.56	24.37

二、杭州资本市场发展需关注的几个问题

(一)上市公司行业分布新兴产业占比偏低

杭州上市公司行业分布仍以制造业为主,信息技术、现代服务业等新兴产业比重仍偏低。按照证监会门类行业来看,截至 2017 年 12 月 31 日,全市 128

家上市公司中,制造业公司数量最多,共有 74 家,占比 57.81%;第二大门类行业信息传输、软件和信息技术服务业有 16 家,占比为 12.5%;以文化体育和娱乐业、租赁和商务服务业、金融业为代表的现代服务业共有 11 家,占比为 8.59%。

(二)证券期货公司非传统业务发展任重道远

一是证券公司自营业务收入贡献超越经纪业务收入,对利润影响逐年显著。2017 年,杭州证券公司自营业务收入 26.07 亿元,占总收入的 37%,收入贡献度首次超过经纪业务(占总收入的 28%),需关注自营业务风险可能导致的业绩不稳定情况。二是证券公司投行业务与杭州资本市场发展的需求不匹配。杭州证券公司投行业务收入占营业收入比重为 10.74%,低于行业平均水平(16.39%)。三是资管业务风险控制能力有待加强。资管业务使得各类金融机构、市场之间的耦合性加强,构成流动性风险传染的重要影响因素。前期调研发现,部分期货公司资管业务起步较晚、基础薄弱,发展与业务相匹配的风险控制意识、能力和水平成为当务之急。

(三)新兴市场主体及证券服务机构规范运作水平有待提高

2017 年,通过加强稽查执法案件宣传,组织开展"监管第一课"培训,强化会计监管、新三板监管、债券监管等以及与其他监管部门加强监管协调机制等一系列工作的开展,杭州资本市场各类主体规范运营意识不断加强。然而,前期检查及调研发现,部分市场主体及中介机构规范运作水平仍有待进一步整改规范;部分新三板公司规范运营基础薄弱,在募集资金使用、对外担保和信息披露等方面存在问题;私募机构良莠不齐,挪用基金资产、开展"资金池"业务、承诺保本或最低收益、向不特定对象宣传或向不合格投资者募集资金等问题较为突出;审计机构行业服务能力不能满足杭州资本市场快速发展的需求,分支机构快速扩张,带来总所质量控制能力落后、质控部门把关不严、部分执业人员专业胜任能力存疑等潜在风险。

三、2018 年杭州资本市场发展展望

2018 年是贯彻党的十九大精神的开局之年,是改革开放 40 周年,是决胜全面建成小康社会、实施"十三五"规划承上启下的关键一年。随着资本市场市场化、法制化、国际化改革的推进,杭州资本市场助力供给侧改革、服务实体经济的能力有望进一步提升;同时,浙江作为资本市场"高地",也是薄弱环节和风险隐患暴露较为充分的前沿地带,杭州作为浙江资本市场的领头羊,在补足短板、防范风险等方面大有可为。

(一)服务实体经济和国家战略的能力不断提升

证券市场方面,依托浙江省政府"凤凰行动"计划有关工作部署,各级地方政府及相关部门对推动企业对接多层次资本市场的重视程度前所未有,杭州企业对接资本市场的政策环境更加有利,参与资本市场、利用资本市场的意识和能力大大提高,上市挂牌企业队伍将持续壮大;在"一带一路"倡议推动下,杭州企业发展迎来新机遇,对"一带一路"沿线国家的跨境并购为杭州上市公司海外布局提供了重要的契机和更为广阔的平台。交易所债券市场方面,随着证监会多项便利直接融资的政策措施出台,杭州企业可更加灵活运用可转债、公司债券创新产品等多元化直接融资工具,助力实体经济发展。期货市场方面,随着杭州期货经营机构深入探索借助期现结合等方式帮助实体企业开展风险管理、实现降本增效,期货市场服务实体企业的广度和深度不断提升。私募基金行业方面,随着基金小镇的规范发展,产业集聚效应不断发挥,创业投资基金等私募基金将进一步发挥自身优势,服务杭州中小微企业和创新创业企业实现快速发展。地方交易场所方面,随着清理整顿交易场所"回头看"后续工作、与地方金融办签署合作备忘录等工作的推进,地方交易场所规范发展的长效机制正在逐步建立。

(二)证券期货经营机构向优质化方向发展

在云计算、大数据、互联网、移动端等现代科技对证券期货行业的持续融

合渗透的背景下,伴随资本市场的不断扩张发展,证券期货公司传统业务所处的外部生存环境与内部运行机制均发生着显著的变化:一方面,牌照红利持续削弱,价格底线屡屡被打破;另一方面,以传统经纪业务为基础的一系列创新业务持续涌现,发展方兴未艾,为证券期货公司转型发展提供了难得的战略机遇。2018年,在市场环境的积极引导下,证券期货经营机构将更加注重以客户为需求,以服务和专业能力创造价值,更好地满足居民多样化的财富管理需求;杭州证券公司借助上市后资本实力显著增强的契机,有望加快转型发展步伐,由单一传统经纪服务机构向综合财富管理平台转型。

(三)市场环境日趋复杂,风险防控难度增加

当前,资本市场风险防控工作面临的形势依然复杂严峻。从杭州情况看,突出表现在以下方面:一是杭州上市、挂牌公司数量多,证券期货市场体量大,场外市场发展较快,金融期货市场、公司债券市场、私募基金市场在市场整体格局中的分量逐年上升;二是杭州民营经济发达,上市公司中民营企业占比较高,资本运作活跃,控制权频繁变更、高比例质押、高杠杆收购、跨界跨境并购重组等蕴含较大风险;三是新业务、新领域的风险不断集聚。如私募机构良莠不齐,面临日益繁杂的风险防控压力;债券兑付高峰期即将到来,个案违约风险进入多发期;新三板挂牌公司规范运营基础薄弱,违法违规行为较为普遍等。2018年,要从维护国家安全的高度做好杭州资本市场风险防控工作,对各类风险苗头审慎高效应对,切实防止个体风险演化为群体风险,区域性风险演化为系统性风险。

2017 年杭州市保险业发展报告

浙江保监局

2017 年,杭州市保险业在中国保监会和新一届市政府的正确领导下,深入贯彻党的十九大、中央经济工作会议和习近平总书记关于金融工作的重要指示精神,全面落实保监会强监管、防风险、治乱象、补短板、支持实体经济等"1＋4"系列文件精神,坚持"保险姓保、监管姓监"不动摇,较好地完成了年初制定的各项目标任务。

一、保险市场基本情况

(一)保费收入

2017 年,杭州市保费收入① 633.7 亿元,同比增长 22.2％。保险深度 5.1％,高于全省平均水平 0.9 个百分点,较上年同期上升 0.3 个百分点;保险密度 6793.6 元,高出全省平均水平 2975.9 元,较上年同期上升 1046.2 元。其中,财产险公司保费收入 207.6 亿元,占全省市场份额的 26.0％;同比增长 13.7％,增速高于全省平均水平 3.7 个百分点。人身险公司保费收入 426.1 亿元,占全省市场份额的 31.6％;同比增长 26.9％,增速低于全省水平 0.4 个百分点。

(二)赔付支出

2017 年,杭州市保险业赔付支出 169.6 亿元,同比增长 6.8％,增速高于

---

① 本报告中,杭州市保险业各项数据均不包含省本级。

全省平均水平 3.6 个百分点。其中,财产险公司赔付 109.7 亿元,占全省产险公司赔付总额的 24.6%;同比增长 6.9%,高于全省增速 2.2 个百分点。人身险公司赔付 59.9 亿元,占全省人身险公司赔付总额的 29.0%;同比增长 6.5%,高于全省增速 6.5 个百分点。

(三)市场主体

2017 年,杭州市全年净增支公司 2 家,营销服务部 2 家。截至 2017 年底,共有保险公司各类分支机构 662 家,其中总公司 3 家,省级分公司 80 家(产险公司 36 家,人身险公司 44 家),中心支公司 28 家,支公司 204 家,营业部 57 家,营销服务部 290 家;2017 年末,杭州共有保险专业中介法人机构 70 家,其中代理公司 44 家,经纪公司 16 家,公估公司 10 家。

(四)资产规模

2017 年,杭州市保险公司资产总额达 1693.3 亿元,同比增长 4.5%,资产规模占全省资产总额的 34.6%。其中,人身险公司总资产 1557.4 亿元,较年初增加 55.9 亿元;财产险公司资产总额 135.9 亿元,较年初增加 16.6 亿元。

二、市场运行主要特点

(一)业务发展稳中向好,风险保障水平快速提高

2017 年,杭州市财产险公司保费规模同比增长 13.7%,增速较上年同期上升 1.8 个百分点,低于全国 0.1 个百分点。其中车险保费收入 133.1 亿元,同比增长 9.7%,增速较上年同期上升 4.6 个百分点;非车险保费收入 74.5 亿元,同比增长 21.5%,增速较上年同期回落 7 个百分点。

2017 年,杭州市人身险公司保费规模同比增长 26.9%,增速比上年同期回落 32.1 个百分点,高于全国 6.9 个百分点。其中,寿险保费收入 329.1 亿元,同比增长 43.1%;意外险保费收入 10.8 亿元,同比增长 14.6%;健康险保费收入 86.2 亿元,同比减少 10.5%。

2017 年,杭州市保险业为全社会提供风险保障 74.7 万亿元,同比增长 10.0%。其中,机动车辆保险提供风险保障 3.3 万亿元,同比增长 19.8%;责任险 2.1 万亿元,同比增长 5.4%;寿险 1.4 万亿元,同比增长 60.0%;健康险 10.1 万亿元,同比增长 118.9%;意外险 52.4 万亿元,同比减少 2.1%。

(二)业务结构持续调整,行业转型成效初显

财产险公司非车险业务占比继续提高。2017 年,杭州市财产险公司车险与非车险保费比为 64∶36,非车险占比较上年同期上升 2 个百分点。非车险保费收入比上年同期增加 13.2 亿元,对财产险公司保费增长的贡献率为 52.8%;其中货运险、责任险、健康险和信用险种保费收入比上年同期分别增加 4.0、2.9、2.2 和 1.4 亿元,贡献率分别为 16.0%、11.6%、8.8% 和 5.6%。

人身险公司业务结构持续优化。从产品结构看,普通寿险保费收入 197.8 亿元,同比增长 54.7%,险种占比达 46.4%,占比较上年同期上升 8.3 个百分点。从新单缴费结构看,新单期缴率为 35.2%,较上年同期上升 6.0 个百分点。从业务渠道看,个人代理业务渠道占比 37.7%,较上年同期上升 1.4 个百分点。

(三)财产险公司效益良好,人身险公司支出总体平稳

2017 年,杭州市财产险公司实现利润总额 14.4 亿元,较上年同期减少 0.2 亿元;实现承保利润 14.5 亿元,较上年同期增加 0.7 亿元。从指标来看,综合成本率、综合赔付率、综合费用率分别为 96.4%、62.5% 和 33.9%,同比下降 0.5、0.8 和 0.3 个百分点;手续费用率 13.7%,同比上升 4.4 个百分点。

2017 年,杭州市人身险公司累计发生退保 66.0 亿元,同比上升 34.8%;退保率 4.9%,处于安全区间,低于全国 1.6 个百分点,比去年同期上升 0.3 个百分点。

三、保险监管重点工作

(一)加强风险防控,严守不发生系统性风险底线

一是切实防范流动性风险和新业务风险。开展寿险中短存续期产品销售数据排查和万能险结算利率变动监测工作,对中短存续期产品占比较高的公司进行质询谈话。开展人身险满期给付和退保风险排查,指导公司做好压力测试和应急预案等工作。持续关注非寿险投资型产品存续业务,深入开展融资性信用保证保险业务摸底调研。开展互联网保险风险专项整治,开展利用互联网非法宣传销售香港保单的专项打击行动。二是切实防范外部传递性风险和群体性事件风险。继续防范非保险金融产品销售风险,进一步加强风险监控和窗口指导;加强突发事件应急管理工作,重新编印行业应急管理手册。三是切实防范底数不清风险和声誉风险。对相关总公司开展 SARMRA 评估、公司治理评估和贯彻保监会 35 号文情况进行督导,摸清风险底数。同时,加强非现场监测预警,新增浙江保险业风险监测报告,建立辖区政保合作项目专项统计制度,及时掌握项目进展。与省委宣传部建立涉保重大舆情通气机制,完善新闻发言人制度,启用新版的舆情监测系统,全面加强行业声誉管理。

(二)整治市场乱象,严防严管保险市场违法违规行为

一是抓好重点领域乱象问题专项整治。着力整治违规套取费用等经营行为、销售误导和理赔难。二是整治保险欺诈和洗钱乱象。联合公安机关开展"安宁 2017"反保险欺诈专项打击行动,开展反洗钱监管,注重做好新设机构和高管任职资格审批的反洗钱审查。三是从严从重打击违法违规行为。继续秉持"监管姓监"理念,重视参与上下联动、跨省合作的全国性检查,又注重瞄准浙江特有的风险隐患、发展痛点,主动安排检查。

(三)弥补监管短板,构建严密有效保险监管体系

一是完善优化制度流程。全面梳理制度体系,继续深化简政放权,积极开

展行政许可"最多跑一次"改革,建立保险社团督导机制。二是深入推进商业车险改革。全面分析商车改革前后车险市场运行情况特点,摸清车险市场发展规律。密切关注市场动态,定期开展车险市场情况监测。大力推进车险改革配套制度建设。三是完善消费者权益保护体系。深化保险诉调对接机制,指导省行业协会开通省消保中心统一热线电话,提高投诉处理效率。创新开展法律援助工作,指导各地市行业协会建齐保险法律援助工作站,切实为保险纠纷中的困难群众提供便捷、优质、高效的法律援助服务。

(四)实施"保险+"行动计划,提升保险服务实体经济能力和水平

一是推动"保险+民生保障"。持续推进保险精准扶贫,推动农业保险创新,深入推进大病健康养老保险发展,积极推动税优健康险在全省推开,推动医保个人账户购买商业健康保险政策落地,配合有关部门推进全省养老服务机构综合保险和长期护理保险,推动杭州市开展老年人住房反向抵押养老保险试点工作。二是推动"保险+转型升级"。继续推动大众创业万众创新,推广生猪保险与养殖业无害化处理联动机制,指导保险公司探索发展绿色企业贷款保证保险,创新发展生态环境责任类保险产品。三是推动"保险+社会治理"。大力发展重点领域责任保险,指导行业做好防灾防损及灾害救助,加强防汛防台应急处置演练和防灾减灾知识宣传,积极应对暴雨及台风等灾害。四是推动"保险+重大战略"。全力支持重大战略实施,积极参与钱塘江金融港湾、城西科创大走廊等战略实施和建设。

2017年杭州市农信系统业务运行报告

浙江省农信联社杭州办事处

2017年，在杭州市委、市政府和浙江省农信联社的正确领导下，杭州农信系统认真贯彻落实市第十二次党代会精神，围绕市委、市政府中心工作，积极发挥本土银行的作用，主动适应我市"拥江发展"战略布局新要求，实现了规模、效益和风控的良好成效。

一、业务运行总体情况

存贷款稳步增长。至2017年末，杭州农信系统各项存款余额3913.01亿元，比年初增加389.58亿元，增长11.06％。各项贷款余额2749.03亿元，比年初增加286.4亿元，增长11.63％。经营效益趋稳向好。至2017年末，全市农信系统五级不良率1.52％，比年初下降0.39个百分点，不良贷款实现双降。实现账面利润55.37亿元，同比增加6.76亿元，增幅13.90％。全市农信系统上缴税收20.34亿元，同比多缴2.85亿元，增幅16.29％。社会责任有效履行。2017年全市农信系统共投入公益捐赠金额1.36亿元。积极实施金融精准扶贫，2017年共发放扶贫贷款5414户、金额4.67亿元。淳安农商行与当地人民银行、农办开展扶贫战略合作。富阳农商行、临安农信联社等行社被中国红十字会授予博爱奖章。

二、重点业务工作

(一)以深化"一趟搞定"改革为抓手，持续扩大普惠面

一是优化服务方式。扎实开展杭州农信系统"比学赶超年"活动，有效满

足辖区金融需求。根据省委省政府"最多跑一次"改革部署,将杭州农信"一趟搞定"工作向"最多跑一次"改革深化,全面开展"普惠之夜"等大走访活动,增加主动上门服务的频率,减少客户服务等待的时间。至 2017 年末,全辖个人贷款余额比年初新增 286.35 亿元,增幅 35.71%,个人贷款覆盖面提高 3.55 个百分点。二是优化服务流程。扩大"普惠快车""小微专车"场景应用,大力推广移动办贷和网上办贷业务,小额信用贷款实现高速增长,至 2017 年末,全市农信系统 30 万元以下农户小额信用贷款户数 25.83 万户,余额 316.91 亿元,分别比年初增加 8.29 万户、119.38 亿元。

(二)以支持服务供给侧结构性改革为抓手,持续加大支农支小力度

一是优化信贷结构。立足支农支小支实,腾出规模用于支持供给侧结构性改革。2017 年末,涉农贷款和小微企业贷款(银监口径)分别新增 129.88 亿元和 151.40 亿元,合计增速为 12.95%,高于各项贷款增速 1.32 个百分点。信贷结构得到优化。积极支持供给侧结构性改革,支持企业技术改造、设备更新,支持高新技术企业、科技文创产业和跨境电商发展,全市农信机构服务上市企业 73 家,贷款余额 16.83 亿元。二是支持地方建设。积极投入市委市政府关于"三位一体"农民合作经济组织体系建设,省农信联社杭州办事处与市供销合作社联合社签订战略合作协议,并当选为杭州市级农合联副理事长单位,其他行社也均当选为所在区、县、市级农合联副理事长单位,至 2017 年末,农民专业合作社在杭州农信系统有贷款余额的有 121 家,贷款余额 1.36 亿元。积极对接"三改一拆"等项目,持续推进特色小镇建设。临安农信联社创新"居家安置贷",支持政府拆迁工作获当地政府好评。大力发展绿色金融,全年发放绿色金融类贷款 4528 户,余额 88.35 亿元。余杭农商行创新推出"农村承包土地经营权抵押""民宿贷""美丽乡村贷"等产品,桐庐农商行与瑶琳镇签订"美丽乡村生态贷"集团授信协议书。

(三)以"市民卡十"和"智慧"系列项目为载体,持续做深社区金融服务

一是深化社区银行网格。推进新型"丰收驿站"建设,丰富服务场景和功能,把"丰收驿站"打造成为服务百姓的桥梁和平台。至 2017 年末,全辖共有丰收驿站 621 家,共布设机具 683 台,全年实现各类金融业务交易 323.37 万笔,交易金额 66.35 亿元。二是创新"智慧"系列行业应用。深化"智慧校园""智慧旅游"等项目,积极探索"智慧停车""智慧高速""智慧驾校"等新应用。三是做宽丰收互联平台。利用丰收智能付、一码通等产品加快支付商圈建设,加快拓展丰收互联、互联网支付商家。至 2017 年末,全市农信电子银行替代率 84.22%,比年初提高 6.17 个百分点。

(四)以农信铁军建设为抓手,持续推进精细化管理

一是强化风险管控。紧盯信用风险,制定"一户一策"不良清收政策,落实盘活、重组、清收等措施。2017 年全辖共化解不良贷款 48.55 亿元。组织开展资金业务、国际业务、担保公司担保贷款等检查和信用风险专项排查等。深入推进"治乱象、维秩序""三违反、三套利""四不当"专项治理等工作,全面查找风险点。二是强化内部管理。稳步推进行社换届和改制工作,全辖所有行社均改制为农商行。强化利益相关者治理,注重发挥股东的积极性,更加注重做小做精的持续发展。在全辖推动实施信贷基础等级评价管理项目,加快管理会计系统应用推广,创新审计方式积极开展监审联动工作。三是强化队伍建设。严抓干部动态管理,在全系统倡导调查研究之风。打造杭州农信工匠文化,富阳农商行、建德农商行结合比学赶超活动,先后评选出造梦、营销、管理、服务等工匠。组织举办杭州农信系统"比学赶超 青春激扬"TED 演讲比赛,聚农信青年人才之力,强农信发展之基。

三、业务发展展望

2018 年,杭州农信的总体思路是:在杭州市委、市政府和省农信联社的坚强领导下,深入贯彻落实党的十九大精神,不忘初心,牢记使命,积极服务乡村振兴战略、服务全省"美丽乡村",深度融入杭州拥江发展战略,更加强化党的建设、更加坚守农信价值观、更加关注转型创新、更加突出精细化管理、更加注重风险防范,以奋斗者的姿态,不断开创新时代杭州农信可持续、高质量发展的新局面,为全市经济社会发展做出新的积极贡献。

一是全面贯彻"以党建引领发展"的原则,着力推动系统党建标准化。把党的建设摆在首位,落实全面从严治党要求,把党的领导和党建工作要求明确写入章程,建好党建队伍,健全党建工作机制,落实重点工作,推进建章立制。打造1~2个功能齐全、特色鲜明的党建示范点。抓好领导班子建设,从严落实领导干部"三重一大"集体决策、干部交流、亲属回避、重要事项报告等制度。优化完善领导干部履职绩效考核办法,加大考核结果运用。

二是全面依照"开局之年抓大事"的思路,着力争当金融服务乡村振兴排头兵。保持定力,坚守"姓农、姓小、姓土"的核心定位。进一步深化普惠金融工程,持续深入开展"走千访万"、普惠建档、整村授信等基础性工作。围绕服务乡村振兴战略,加大涉农信贷投放和农村金融基础设施建设力度。继续做好信贷结构优化调整工作,重点做好大额贷款管理。力推绿色金融发展。重点加大对"美丽乡村"工程和"五万工程"建设的金融支持力度。以丰收互联为主平台,全面拓展"金融＋公共""金融＋生活""金融＋政务"服务,提升共建共治共享服务能力。推进"三位一体"建设,积极创新推出适应当地"三位一体"模式的金融产品与服务。

三是全面落实建设"创新型国家"的精神,着力开创转型升级新局面。坚持以创新积聚发展动力,强化行社科技、文创专营支行发展。加强大数据在客户分层、风险防控、管理决策等方面的应用。继续深化小额信贷"最多跑一次"改革,进一步优化普惠快车、小微专车、企业直通车、普惠通等平台,不断提升金融服务便捷度和体验度。主动适应杭州未来发展规划,以创建电子支付应用示范村、镇为抓手,大力推进农村数字普惠金融体系建设。深入推进"智慧"系列项目建设,积极开展银政、银校、银医、银保等多层次合作。

四是全面聚焦"防范化解金融风险"的任务,着力推进经营管理精细化。以辖内机构全部完成农商行改制为契机,深入推进全面风险管理建设,建立培训、传达和监督机制。高度重视信用风险防控,做好重点行业、重点领域监测。重视新兴业务风险防控,建立贯穿交易各环节、覆盖全流程的内控体系。建立健全内部责任追究机制,做好员工风险行为排查工作,保持案件风险防范高压态势。增强内部管理的精细化,全面推广信贷基础等级管理,提升信贷基础管理水平。持续推进管理会计系统落地运用,进一步完善FTP定价机制和成本分摊规则。创新审计方法,集中力量对主要风险领域和重点业务进行审计。

2017 年杭州市小额贷款公司日常监管分析报告

杭州市金融办

一、杭州市小贷公司发展情况

(一)基本情况

截至 2017 年底,全市小贷公司共 54 家,其中注册地在上城 2 家、下城 5 家、西湖 3 家、江干 5 家、拱墅 3 家、高新 4 家、萧山 8 家、余杭 6 家、桐庐 3 家、淳安 2 家、建德 3 家、富阳 6 家、临安 4 家,注册资本总额为 113.22 亿元,较上年年末下降了 6.06%(由于下城美达、金昇、浙江祐邦 3 家小贷公司暂停开展业务,文中数据均不含这 3 家小贷公司)。2017 年,我市未新增或注销小贷公司,我办批复了拱墅泰丰、高新东冠、高新中南、萧山金丰、富阳永通、富阳金富春先进 6 家小贷公司减资,减资额总计 6 亿元。至 2017 年 12 月底,各家小贷公司注册资本均为 1 亿元以上,其中 1 亿元(含)至 2 亿元为 14 家,2 亿元(含)至 3 亿元为 24 家,3 亿元(含)至 4 亿元为 6 家,4 亿元(含)至 5 亿元为 5 家,5 亿元(含)至 6 亿元(含)为 2 家。

除上城文广、西湖浙农、浙江林业、浙江文创、浙江兴合、浙江农发小贷公司为国有主发起外,其余均为民营资本主发起设立。

(二)经营与管理情况

与前几年比较,杭州市小贷公司 2017 年的经营状况开始逐步好转,各项数据正逐渐回暖。主要表现在以下方面。

1. 贷款规模基本持平

截至 2017 年底,全市小贷公司贷款余额为 1.73 万笔、130.64 亿元,其中发放小额贷款余额为 1.57 万笔、61.78 亿元,占比分别为 90.75%、47.29%。年末贷款余额较上年下降了 1.66%,与上年基本持平(见图 1)。

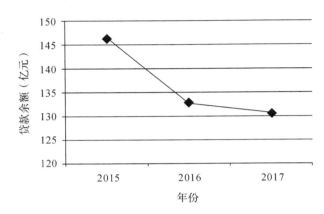

图 1　2015—2017 年杭州市小贷公司年末贷款余额情况

2017 年 1—12 月,全市小贷公司累计发放贷款 2.78 万笔、272.84 亿元,其中累计发放小额贷款 2.39 万笔、85.53 亿元,占比分别为 85.91%、31.35%。

2. 对外银行融资比例有所上升

截至 2017 年 12 月底,全市有 8 家小贷公司向银行进行了融资,融资余额为 4.99 亿元,占净资产总额的 3.61%,较上年年底上升了 1.59 个百分点;还有 5 家小贷公司向大股东共拆借了 2.073 亿元。

3. 利润有所回升

2017 年,全市小贷公司平均年化利率主要在 14.5%～15.5% 波动,年末平均年化利率为 14.58%,较上年下降了 0.91 个百分点。2017 年,全市小贷公司全年实现业务总收入 12.71 亿元,净利润 5.47 亿元,全年净资产收益率为 3.96%,较上年提高了 1.91 个百分点,有 5 家为亏损,亏损家数较上年减少 3 家(见图 2)。

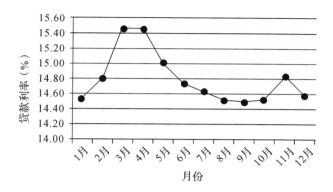

图 2 2017 年杭州市小贷公司贷款利率情况

4. 逾期率稳中微降

截至 2017 年底,我市小贷公司逾期率为 13.39%,拨备覆盖率为 79.04%;除 1—5 月逾期率高于上年外,其余月份与上年基本持平,年末较上年同期下降了 0.35%,逾期率没有继续上升。

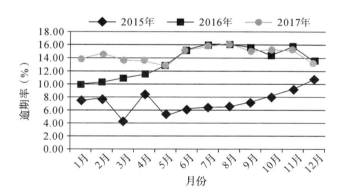

图 3 2015—2017 年杭州市小贷公司逾期率情况

(三)风险情况

1. 市场风险

全市小贷公司逾期率虽较上年有所微降,但仍保持在高位,小贷公司的诉讼案件也居高不下,如富阳 5 家小贷公司涉及的司法诉讼案件有 674 件,诉讼金额共 6.97 亿元。

2.股东风险

小贷公司股东股权不稳定,影响了小贷公司平稳健康发展。2017 年,全市小贷公司全年共发生股东股权转让 30 起,转让金额总计 6.81 亿元,其中主发起人转让 2 起,转让金额为 8100 万元,与上年的股权变更量基本持平。还有部分小贷公司股东出现资金链紧张,涉及"两链"风险、股权质押等情况。

3.合规风险

2017 年,我市主要存在个别小贷公司不规范运营情况,主要有:一是被投诉、举报的小贷公司有 3 起;二是存在未获批,开展对外权益类投资等创新业务的情况;三是存在与资产管理公司开展交叉业务情况;四是存在预收过桥贷款利息情况;五是存在大股东挪用小贷公司资金的情况;六是还款人与实际借款人不一致,存在拆分贷款的可能。

(四)外部环境情况

1.税负环境

2017 年,小贷公司的税负环境总体有所改善,如财政部、税务总局 2017 年 6 月出台了《关于小额贷款公司有关税收政策的通知》,小贷公司于 2017 年 1 月 1 日至 2019 年 12 月 31 日取得的农户小额贷款利息收入可免征增值税。但营改增后税收负担提高,加上国税部门在收入确认问题上比地税部门更为严格,小贷公司应收利息均要确认为收入,小贷公司总体税负仍较重。

2.政策环境

目前,我市大部分县(市、区)对小贷公司的税收返还政策已经到期,辖内小贷公司仅享受年度风险补偿金优惠政策。个别县(市、区)出台了后三年的税收优惠政策,如高新区政府将出台《关于进一步支持科技型企业融资的实施意见》,小额贷款公司成立第四年至第六年对区内科技型企业贷款占年度日均贷款余额 30% 以上的,给予年度对区贡献 50% 的奖励作为风险补偿金;余杭区金融办 2017 年兑现了辖区小额贷款上年风险补偿、办公用房补助资金共 456.15 万元;富阳三年执行期满后,辖区小贷公司所得税地方留成部分全额奖励政策顺延三年,并按照日平均贷款额度给予 0.5%～0.8% 比例的风险补偿。

3. 司法环境

我市部分县(市、区)在小贷公司诉讼、仲裁或执行前过程申请财产保全的均可免予担保,但在执行过程中进程普遍十分缓慢,导致小贷公司风险资产处置难度大,债权人权益无法得到及时有效的保障。

4. 征信环境

目前全市仅部分小贷公司接入央行征信系统,无法直接获得借款人的征信信息,不利于全面审查借款人的信用情况及提升业务受理效率。部分未接入征信系统的小贷公司查询企业征信较烦琐,需客户自行前往人民银行查询后提供征信报告。

二、监管情况

(一)完善监管体系

各市、县(市、区)金融办均联合财政、市场监管、人行、银监、公安等部门建立了小贷公司联席会议,各司其职开展小贷公司业务指导和管理,形成监管合力。各市、县(市、区)都已明确监管人员,建立 AB 岗监管制度;我市萧山区金融办相对独立运作,下设金融管理科室,在编人员 3 名,负责小贷监管及金融业务等工作。然而,由于我市各县(市、区)金融办均未单设,人员配置少、任务重,目前各县(市、区)小贷公司监管力量总体还较为薄弱。

(二)认真做好各项监管工作

市、县(市、区)金融办根据省金融办部署,认真开展各项小贷公司监管工作。一是通过非现场采集数据、向社会公布违规举报电话和举报邮箱、现场走访、约谈等形式做好小贷公司的日常监管。二是开展专项风险防控检查、年度监管评级工作,鼓励小贷公司参与第三方评级,实施对小贷公司专项评估。三是对小贷公司报送的主要高管、股权、注册资本变更申请进行审核、转报。2017 年,市金融办共审核、转报 41 件小贷公司变更事项。四是按照国家、省整治现金贷的要求,开展了全市小贷公司互联网贷款业务排查、处置工作。

(三)开展分类监管措施

我市重视小贷公司合法合规发展,侧重防范风险,对于经营不规范的小贷公司及时进行了约谈,在监管评级中予以相应扣分。同时,对于经营稳健、符合支农支小政策导向的小贷公司,鼓励其开展业务创新。2017 年,市金融办批准了高新兴耀普汇小贷公司开展与互联网企业合作贷款业务,并对全市已批复可开展创新业务的 5 家小贷公司定期进行跟踪、了解,按月汇总运营数据。

三、存在问题

我市小贷公司 2017 年业务运营虽趋于平稳,但仍存在以下问题。

(一)股东信心不足

小贷公司股东对小贷公司的发展信心不足,目前普遍考虑分红、减资,以减小规模,维持平稳运行。

(二)外部环境不容乐观

一是对外融资受限,小贷公司向银行融资比例仍保持低位,通过新三板挂牌等途径向资本市场融资也难以开展。二是税负重,小贷公司无法享受与银行同等的税收优惠政策,原当地留存的税收优惠政策也已基本到期,这进一步加重了小贷公司的税负压力。三是创新业务受阻,个别小贷公司探索开展的网络贷款业务被暂停,一定程度上影响了小贷公司的业务创新。

(三)内控制度不健全、执行不到位

部分小贷公司存在公司治理结构不完善、内控制度执行不到位、管理层配置不到位、小股东利益无法得到妥善保护等情况,这些问题在一定程度上导致了小贷公司不规范经营。

四、政策建议

(一)提升基层监管业务水平

建议定期举行统一的小贷公司监管专项培训,提升基层金融办的业务水平,加强业务交流,使各级监管员及时了解行业发展新情况及监管新思路。

(二)协调解决小贷公司高税负问题

财政部于 2017 年 10 月下发了《关于支持小微企业融资有关税收政策的通知》(财税〔2017〕77 号),规定对金融机构向农户、小微企业及个体工商户发放的 100 万元以下的小额贷款取得的利息收入,免征增值税等。但小贷公司却无法被列入优惠政策范围,此举对小贷公司继续大力支持"三农"、小微企业造成了一定程度上的障碍,建议国家层面将小贷公司纳入优惠范畴,享受相关政策。

(三)协调简化涉及小贷公司债务案件处置程序

目前,法院涉及经济纠纷案件增多,小贷公司债务案件积压情况明显,影响了小贷公司及时追讨债务并造成损失进一步扩大。建议法院能就小贷公司涉及债务问题制定专门的简化程序,加快小贷公司债务处置及坏账核销。

2017 年杭州市股权投资发展报告

杭州市金融办

2017 年中国股权投资市场活跃热度不减,机构数量保持稳定,但管理资本量再攀高峰,市场竞争加剧。从募资看,新募基金数量与基金募集规模均在上升,且上升幅度较大;从投资看,2017 年投资案例数和投资规模再创新高,其中TMT 领域仍是投资重心;从退出看,退出案例数呈现减少态势,IPO 为最主要的退出渠道。

截至 2017 年底,中国股权投资市场活跃的股权投资机构超 1.3 万家,管理资本量约 8.7 万亿元人民币,较 2016 年同比增长 23.64%。

一、杭州市股权投资市场现有规模分析

截至 2017 年底,杭州市共有股权投资机构 1315 家,其中私募股权投资机构 912 家,占比 69.35%;创业投资机构 366 家,占比 27.83%;早期投资机构 37 家,占比 2.81%。披露管理资本量的机构共有 383 家,披露的管理资本量为 5549.61 亿元人民币,其中 VC 机构管理资本量最多,达 3612.65 亿元人民币,占比 65.10%;PE 机构管理资本量为 1892.49 亿元人民币,占比 34.10%;早期投资机构管理资本量仅为 44.47 亿元人民币,占比 0.8%(见表1)。

表 1 2017 年杭州市不同类型股权投资机构分布

机构类型	机构数量（总）（家）	比例（%）	机构数量（金）（家）	管理资本量（百万元）	比例（%）
PE	912	69.35	213	189248.73	34.10
VC	366	27.83	161	361265.41	65.10

机构类型	机构数量 （总）（家）	比例 （％）	机构数量 （金）（家）	管理资本量 （百万元）	比例（％）
早期投资	37	2.82	9	4446.68	0.80
合计	1315	100.00	383	554960.82	100.00

资料来源：私募通 2018.01，www.pedata.cn。

二、杭州市股权投资市场募资情况分析

2017 年，杭州市共有 274 只基金完成募集，较 2016 年上升了 204.44％；其中，141 只基金披露募资金额，披露金额的募资总量为 572.14 亿元人民币，比 2016 年增加了 389.30％（见表 2）。

表 2　2017 年杭州市股权投资机构募资规模

年份	募资基金数量（只）	变化率（％）	募资金额（百万元）	变化率（％）
2017	274	204.44	57214.46	389.30
2016	90	−36.00	11693.00	−54.00

资料来源：私募通 2018.01，www.pedata.cn。

（一）机构类型

2017 年，杭州市共有 226 只私募股权投资基金完成募资，占比 82.48％；其中 104 只披露募资金额，披露的募资总金额为 521.88 亿元人民币，占比 91.22％；平均单只基金募资金额为 5.02 亿元人民币（见表 3）。

共有 42 只创业投资基金完成募集，占比 15.33％；其中 33 只披露募资金额，披露的募资总金额为 46.38 亿元人民币，占比 8.11％；平均单只基金募资金额为 1.41 亿元人民币。

共有 6 只早期投资基金完成募资，占比 2.19％；其中 4 只披露募资金额，披露的募资总金额为 3.88 亿元人民币，占比 0.68％；平均单只基金募资金额为 0.97 亿元人民币。

表 3　2017 年杭州市不同类型股权投资机构募资情况

机构类型	新募基金数（总）（只）	比例（%）	新募基金数（金）（只）	募资总量（百万元）	比例（%）	平均募资总量（百万元）
PE	226	82.48	104	52188.26	91.21	501.81
VC	42	15.33	33	4638.20	8.11	140.55
早期投资	6	2.19	4	388.00	0.68	97.00
合计	274	100.00	141	57214.46	100.00	405.78

资料来源：私募通 2018.01,www.pedata.cn。

（二）机构性质

2017 年,杭州市新募基金中,有 268 只基金由本土股权投资机构募集,披露的募资总金额为 568.13 亿元人民币,占比 99.30%；合资与外资各有 1 只基金（见表 4）。

表 4　2017 年杭州市不同性质股权投资机构募资情况

机构性质	新募基金数（总）	比例（%）	新募基金数（金）	募资总量（百万元）	比例（%）	平均募资总量（百万元）
本土	268	97.82	140	56813.46	99.30	405.81
合资	1	0.36	0	0	0.00	—
外资	1	0.36	0	0	0.00	—
未披露	4	1.46	1	401	0.70	401.00
合计	274	100.00	141	57214.46	100.00	405.78

资料来源：私募通 2018.01,www.pedata.cn。

（三）基金币种

在基金币种方面,本次披露基金币种的 195 只基金均是人民币基金,共有 130 只基金已披露募资金额,平均单只基金募资金额为 4.17 亿元人民币。如表 5 所示。

表 5　2017 年杭州市股权投资机构新募基金币种情况

基金币种	新募基金数（总）（只）	比例（％）	新募基金数（金）（只）	募资总量（百万元）	比例（％）	平均募资总量（百万元）
人民币	195	71.17	130	54270.45	94.85	417.47
未披露	79	28.83	11	2944.01	5.15	267.64
合计	274	100.00	141	57214.46	100.00	405.78

资料来源：私募通 2018.01，www. pedata. cn。

三、杭州市股权投资市场投资情况分析①

2017 年，杭州市共发生了 578 起投资案例，与 2016 年相比增加了 42.72％；披露的投资总金额为 457 亿元人民币，与 2016 年相比增加了 110.57％（见表 6）。

表 6　2017 年杭州市股权投资机构投资规模

年份	投资案例数量	变化率（％）	投资金额（百万元）	变化率（％）
2017	578	42.72	45694.48	110.57
2016	405	15.71	21700.12	−17.08

资料来源：私募通 2018.01，www. pedata. cn。

(一)投资地域

2017 年，杭州市股权投资机构所投项目最主要集中在浙江地区，投资数量达 235 笔，占比超过 40％，远远高于其他省市；第二梯队是北京、上海、广东，三个地区投资案例数量均在 40 笔及以上，占比 34.60％。已披露的投资金额最高为上海市，合计 168.89 亿元人民币，占比 36.96％；另外，就平均投资金额来看，排在首位的是山西省，这主要是因为杭州浙民投天弘投资合伙企业对振东制药股份有限公司进行了一笔 26.97 亿元的投资（见表 7）。

---

① 若干家不同类型投资机构投资于同一家企业，按照一起投资案例统计。

表 7 2017 年杭州市股权投资机构投资地域分布

地域	案例数 （总）（起）	比例 （％）	案例数 （金）（起）	投资金额 （百万元）	比例 （％）	平均投资金额 （百万元）
浙江省	235	40.66	216	6302.22	13.79	29.18
北京市	86	14.88	80	4565.71	9.99	57.07
上海市	74	12.81	64	16888.78	36.96	263.89
广东省	40	6.92	40	911.99	2.00	22.80
江苏省	34	5.88	31	596.33	1.31	19.24
湖北省	8	1.39	7	374.68	0.82	53.53
安徽省	6	1.04	6	121.00	0.26	20.17
陕西省	5	0.87	5	279.64	0.61	55.93
福建省	4	0.69	4	545.00	1.19	136.25
辽宁省	4	0.69	3	67.40	0.15	22.47
山东省	3	0.52	3	719.75	1.58	239.92
贵州省	3	0.52	1	10.00	0.02	10.00
四川省	3	0.52	3	142.50	0.31	47.50
香港	2	0.35	2	274.44	0.60	137.22
河南省	2	0.35	2	54.98	0.12	27.49
内蒙古	1	0.17	1	10.00	0.02	10.00
吉林省	1	0.17	1	260.00	0.57	260.00
新疆	1	0.17	1	205.00	0.45	205.00
重庆市	1	0.17	1	7.00	0.02	7.00
湖南省	1	0.17	1	1.00	0.00	1.00
河北省	1	0.17	1	9.90	0.02	9.90
山西省	1	0.17	1	2697.13	5.90	2697.13
天津市	1	0.17	1	20.00	0.04	20.00
未披露	61	10.55	57	10630.02	23.27	186.49
合计	578	100.00	532	45694.47	100.00	85.89

资料来源：私募通 2018.01,www. pedata. cn。

（二）投资行业

从投资行业来看，互联网和 IT 是 2017 年杭州市股权投资机构重点关注的领域。在平均投资金额方面，能源及矿产、电信及增值业务、房地产、互联网、服装及纺织等行业处于较高水平，平均投资金额均超过 1 亿元人民币，遥遥领先于其他行业（见表8）。

表8　2017 年杭州市股权投资机构投资行业分布

行业	案例数（总）（起）	比例（%）	案例数（金）（起）	投资金额（百万元）	比例（%）	平均投资金额（百万元）
互联网	143	24.74	126	20181.07	44.17	160.17
IT	103	17.82	96	3574.76	7.82	37.24
娱乐传媒	55	9.51	49	520.41	1.14	10.62
生物技术/医疗健康	50	8.65	46	3729.40	8.16	81.07
电信及增值业务	33	5.71	31	9257.45	20.26	298.63
机械制造	31	5.36	30	812.77	1.78	27.09
金融	29	5.02	28	1815.07	3.97	64.82
电子及光电设备	25	4.32	24	341.58	0.75	14.23
清洁技术	16	2.77	15	955.97	2.09	63.73
其他	13	2.25	10	491.71	1.08	49.17
化工原料及加工	12	2.08	12	337.06	0.74	28.09
连锁及零售	12	2.08	12	731.00	1.60	60.92
食品 & 饮料	8	1.38	8	44.11	0.10	5.51
教育与培训	7	1.21	6	119.83	0.26	19.97
汽车	7	1.21	7	430.84	0.94	61.55
建筑/工程	6	1.04	6	239.24	0.52	39.87
农/林/牧/渔	6	1.04	5	131.00	0.29	26.20
物流	4	0.69	4	287.38	0.63	71.85
半导体	3	0.52	3	237.98	0.52	79.33

续表

行业	案例数（总）（起）	比例（%）	案例数（金）（起）	投资金额（百万元）	比例（%）	平均投资金额（百万元）
纺织及服装	3	0.52	3	318.30	0.70	106.10
房地产	2	0.35	2	440.00	0.96	220.00
能源及矿产	1	0.17	1	600.00	1.31	600.00
未披露	9	1.56	8	97.55	0.21	12.19
合计	578	100.00	532	45694.48	100.00	85.89

资料来源：私募通 2018.01，www.pedata.cn。

（三）投资阶段

从投资案例数量、投资金额和平均投资金额看，扩张期企业最多，达 197 家，占比 34.08%；投资金额和平均投资金额分别为 215.35 亿元人民币和 1.21 亿元人民币（见表 9）。

表 9　2017 年杭州市股权投资机构投资阶段分布

投资阶段	案例数（总）（起）	比例（%）	案例数（金）（起）	投资金额（百万元）	比例（%）	平均投资金额（百万元）
扩张期	197	34.08	178	21534.87	47.13	120.98
成熟期	191	33.05	185	19541.38	42.77	105.63
初创期	157	27.16	138	4382.35	9.59	31.76
种子期	33	5.71	31	235.88	0.51	7.61
合计	578	100.00	532	45694.48	100.00	85.89

资料来源：私募通 2018.01，www.pedata.cn。

四、杭州市股权投资市场退出情况分析①

2017 年,杭州市股权投资机构共实现了 91 笔退出,与 2016 年相比增加了 160%(见表 10)。

表 10　2017 年杭州市股权投资机构退出情况

年份	退出案例数(起)	变化率(%)
2017	91	160.00
2016	35	−25.53

资料来源:私募通 2018.01,www. pedata. cn。

(一)退出方式

2017 年杭州市股权投资机构的退出方式主要包括 IPO、并购、股权转让和回购四类,其中 IPO 以 60 笔退出成为最主要的退出方式,占全部退出案例的 65.93%;股权转让紧随其后,共有 16 笔退出,占比 17.58%(见表 11)。

表 11　2017 年杭州市股权投资机构退出方式分布

退出方式	案例数(总)	比例(%)
IPO	60	65.93
股权转让	16	17.58
并购	11	12.09
回购	4	4.40
合计	91	100.00

资料来源:私募通 2018.01,www. pedata. cn。

(二)退出地域

2017 年杭州市股权投资机构除集中在浙江省有 54 笔退出案例外,其他

---

① 若干家不同类型投资机构从同一家被投企业退出,按照一笔退出案例统计。

37 笔退出项目广泛分布在上海、北京、山东、广东、江苏等省市(见表12)。

表 12　2017 年杭州市股权投资机构退出地域分布

退出地域	案例数(总)(起)	比例(%)
浙江省	54	59.34
上海市	9	9.89
北京市	6	6.60
山东省	5	5.49
广东省	5	5.49
江苏省	5	5.49
湖北省	2	2.20
重庆市	1	1.10
安徽省	1	1.10
内蒙古	1	1.10
未披露	2	2.20
合计	91	100.00

资料来源:私募通 2018.01,www.pedata.cn。

(三)退出行业

从行业看,2017 年实现退出的行业主要集中在 IT、建筑/工程、机械制造、金融、生物技术/医疗健康、电信及增值业务等领域,分别达到 10 笔、10 笔、10 笔、10 笔、8 笔和 8 笔(见表13)。

表 13　2017 年杭州市股权投资机构退出行业分布

退出行业	案例数(总)(起)	比例(%)
IT	10	10.99
建筑/工程	10	10.99
机械制造	10	10.99
金融	10	10.99
生物技术/医疗健康	8	8.79

退出行业	案例数(总)(起)	比例(%)
电信及增值业务	8	8.79
化工原料及加工	7	7.69
互联网	7	7.69
电子及光电设备	4	4.39
汽车	4	4.39
娱乐传媒	3	3.30
其他	3	3.30
食品 & 饮料	2	2.20
半导体	1	1.10
物流	1	1.10
能源及矿产	1	1.10
清洁技术	1	1.10
农/林/牧/渔	1	1.10
合计	91	100.00

资料来源:私募通 2018.01,www.pedata.cn。

五、杭州政府及民间资本 LP 发展现状分析

根据清科研究中心的数据统计,2017 年杭州市共有各类 LP 738 家,其中企业是首要的 LP 来源,共有 244 家,占比 33.06%;其次是投资公司,共有 176 家,占比 23.85%。2017 年杭州市 LP 已披露的管理资本量总额达到 1229.79 亿元人民币,其中政府引导基金和投资公司两类 LP 占比较高,分别为 32.52% 和 18.80%(见表 14)。

表 14　2017 年杭州市不同类型 LP 分布

LP 类型	数量（总）（家）	比例（%）	数量（金）（家）	管理资本量（百万元）	比例（%）
企业	244	33.06	121	15372.42	12.50
投资公司	176	23.85	119	23116.54	18.80
VC/PE 机构	151	20.46	58	16351.50	13.30
上市公司	49	6.64	35	6380.43	5.19
政府机构	21	2.84	10	2400.00	1.95
政府引导基金	17	2.30	13	39994.69	32.52
FOFs	16	2.17	9	13647.21	11.10
资产管理公司	12	1.63	4	776.00	0.63
银行	5	0.68	4	3185.20	2.59
信托	5	0.68	2	910.00	0.74
其他	4	0.54	3	275.68	0.22
大学及其基金会	2	0.27	1	569.19	0.46
未披露	36	4.88	0	0.00	0.00
合计	738	100.00	379	122978.86	100.00

资料来源：私募通 2018.01, www.pedata.cn。

六、杭州市股权投资市场占比分析

2017 年杭州市新募基金数量和募资金额较 2016 年大幅上升，其股权投资行业的整体发展水平仍处于浙江省前列，例如管理资本量、投资案例数、投资金额和退出案例数在浙江省的比重均超过 50%。其中特别突出的包括：管理资本量占比达 80.91%，退出案例数量占比达 60.67%（见表 15）。

表 15　2017 年杭州市股权投资市场占比分析

项目	全国	浙江省	杭州市	全国占比（%）	浙江省占比（%）
机构数量（家）	13200	2757	1315	9.96	47.70
管理资本量（百万元）	8654588.00	685910.47	554960.82	6.41	80.91
新募基金数（只）	3574	785	274	7.67	34.90
募资金额（百万元）	1788872.00	136365.87	57214.46	3.20	41.96
投资案例数（起）	10144	1043	578	5.70	55.42
投资金额（百万元）	1211149.00	70697.46	45694.48	3.77	64.63
退出案例数（起）	3409	150	91	2.67	60.67

资料来源：私募通 2018.01,www.pedata.cn。

七、股权投资新机构投资策略分析

（一）"双创"政策催生创业浪潮,新机构发展环境利好

2017 年股权投资市场募资总额约 1.8 万亿元,投资总额约 1.2 万亿元,股权投资市场的快速发展,促使 LP 数量快速增长。LP 数量由 2012 年的 7511 家增加到 2017 年的 21953 家;LP 可投中国资本量由 2012 年的 1283.52 亿元激增至 2017 年的 97562.55 亿元。股权投资市场的持续升温以及 LP 可投资本量的快速增加,为新机构的成长提供了充足资金。在"双创"及多项其他政策的影响下,国内创新指数屡创新高,大批优质初创企业得到越来越多的投资机构的关注与支持,资本市场的活力也由此得到进一步提升。除外部环境因素的催化外,传统大型 VC/PE 机构的激励机制具有一定的局限性,其投资团队所获退出收益分成较低,其拥有股权分配资格的比例并不高,且股权激励往往局限于核心管理团队,也导致高层管理者离开"老东家"设立新机构。

随着国家大力发展"双创",国内创新创业氛围浓厚,2014 年和 2015 年新机构设立数量逐步攀高;2016 年至今政府监管趋严,基金业协会发布的《关于进一步规范私募基金管理人登记若干事项的公告》等政策加强了私募基金行业自律管理;在此情况下,2016 年全年新机构设立数量呈现大幅下滑趋势。从新机构设立者分布情况来看,主要分为以下四类:第一梯队由老牌机构精英和骨干构成,他们选择自立门户,打造新品牌;其次是连续创业者,其对企业业务的理解相对较深;再者,大企业投资部门的重构;最后则是跨界投资人,如文体娱乐明星为新机构设立注入新生力量。

(二)新机构内部构造"精而小",因地制宜选择投资领域

新机构的高层管理者大多蛰伏一线投资市场多年,积累了丰富的项目资源、人脉资源以及投资经验,且拥有固定投资班底。在创立新机构之前,创立者在原机构打拼多年,在投资界建立了紧密关系网,多年的合作使得双方建立了良好的默契,形成有效的互动;当一方高层管理者有意设立新机构时,另一方会与之形成默契,共同打造新品牌。新机构建立后会延续老牌机构的投资风格与投资策略,但新机构管理层会根据自身的资源择优选取团队擅长的投资领域进行精耕细作,逐步将新机构打造成该细分领域的领军人物。例如,晏小平 2012 年加入鼎晖投资,专注于 TMT、消费服务方面的投资,于 2015 年离开鼎辉投资创办晨晖资本,晨晖资本同样聚焦于 TMT 和大消费领域的投资,典型投资案例包括互动百科、畅思广告、德瑞医疗等;李牧晴、陈文江均于 2006 年加入鼎晖投资,专注于 TMT、居住、金融领域的投资,于 2014 年一同离开创办执一资本,执一资本重点关注 TMT 领域的投资,典型投资案例包括加油宝、链家地产、我爱我家、美利金融等;张震 2002 年加入 IDG 资本,专注于 TMT 领域投资,于 2013 年离开 IDG 创办高榕资本,高榕资本专注于 TMT 领域的投资,典型的投资案例包括小米科技、91 助手、3G 门户等。

此外,新机构设立者从业时间较长,自立门户后,新基金的 LP 会因投资人之前的辉煌投资战绩慕名而来,为新机构进一步发展提供资金支持。新机构内部结构"精而小",团队成员拥有更多话语权,能够追随市场变化及时调整机构发展方向和投资策略。根据基金业协会数据统计,成立超十年(2007 年及以前)的老牌机构平均团队人数为 32 人,而成立五年之内(2013—2017 年)的新机构平均团队人数则为 10 人,投资团队体现出"精兵"趋势。一般情况下,老牌机构设有投前和投后部门,人员配备较为充足,分工较为清晰。新机构人数有限,基本以投资团队为主,实行投管一体化发展,部分合伙人都会专注于一线投资。随着政府引导基金、母基金、上市公司和险资机构等的不断涌入,国内股权投资市场竞争势必愈加激烈。为确保自身竞争地位,新机构在提升自身专业能力的同时,还需注重实现团队成员的多元化和投后管理体系的逐步建立;"创业者十投资者"的双向深度融合与投资文化的逐步渗透将是这一需求的显著体现。

2017 年杭州市金融仲裁运行报告

杭州金融仲裁院

2017 年金融仲裁院在市委领导的关心指导下,在各部门的支持帮助下,全体工作人员共同努力,依法、公正、高效地开展金融仲裁工作,有效化解社会矛盾、防范金融风险,保障当事人合法权益,为杭州经济和社会发展做出积极的贡献。

一、金融仲裁案件稳定增长

2017 年金融仲裁院受理案件数量快速增长,立案 576 件,与去年立案 356 件相比,同比上升 61.80%。在传统优势领域保持一定稳定性的同时,继续在期货经纪合同纠纷、融资居间合同纠纷、公司债券交易纠纷、融资租赁合同纠纷、委托理财合同纠纷、信托纠纷等新型案件中大力拓展仲裁事业,推进仲裁选择。当事人双方均为外地的案件比往年大幅提高,表明金融仲裁的影响力不断加强,品牌效应逐渐形成。

2017 年办结金融案件 389 件,与去年办结案件数 336 件相比,同比上升 16%。其中裁决率为 56.30%,撤案率为 32.13%,调解率为 11.57%。快速结案率 41.39%,同比上升 19.17%。2017 年没有被市中级人民法院撤销、不予执行案件,取得了较好的社会效果。

二、继续扩大金融仲裁发展领域

(一)积极拓展银行业仲裁选择

围绕商业银行风险管理,继续探索多元纠纷化解模式。通过梳理金融院成立以来所承办的银行纠纷案件,制订年度银行业仲裁发展计划,统计已有银行案件有关数据,积极发展银行传统业务选择仲裁。以建、工、交、农、中行为发展工作重点,积极走访建设银行浙江省分行及省分行营业部、工商银行浙江省分行及省分行营业部、农业银行浙江省分行、恒丰银行杭州分行、广发银行杭州分行、杭州银行,在各大国有银行和股份银行中推进仲裁选择。2017 年,建行浙江省分行在手机银行"快 e 贷"业务中全面选择仲裁,同时探讨在融 e 贷、质押贷、借贷通等业务中选择仲裁解决;工商银行城北支行、拱墅支行在个人住房贷款业务选择仲裁;交通银行在城北、四季青支行等个人住房贷款选择仲裁。

探索银行(金融机构)同业纠纷仲裁解决的新方式,举办银行(金融机构)同业纠纷仲裁解决论坛,会同杭州市公安局法制支队,杭州市律师协会,工商银行、建设银行、农业银行、交通银行、杭州银行、浙商银行等金融机构共同探讨银行(金融机构)同业纠纷仲裁解决模式,主动研究金融仲裁案件中的疑难问题,探索解决思路。

全年受理银行纠纷案件 33 件,标的 1.89 亿元。在保证银行传统业务选择仲裁的同时,主动研究银行业发展趋势,推进银行创新业务选择仲裁。2017 年,金融院办结了较为复杂的 2 件银行保函案件,标的 2.58 亿元。在注重提升裁决质量的同时,注重仲裁审理程序创新,提升金融仲裁服务水平,创设金融仲裁特色,努力打造杭州仲裁委员会发展的规模化、规范化、国际化。

(二)加强在保险合同推进仲裁

围绕保险行业特点,继续在非车险合同纠纷推进仲裁。在现有车辆保险合同纠纷处理的基础上,走访人民财产保险杭州市公司、太平洋财产保险省公司、阳光财产保险省公司,探索在非车险合同中约定仲裁。阳光财险在意外险、责任险等非车险部分合同文本中选择仲裁,太平洋财险在信用险等非车险合同试点选择仲裁。2017 年,受理 1 件保险人代位求偿权纠纷案件、1 件保险公司主动提起仲裁申请确认收益人案件,涉及人保财险公司,非车险案件逐渐增多,在保证办案质量和效率的同时,积累了一些保险合同纠纷办案经验。

积极与人保杭州公司进行沟通,就车险保险疑难案件进行专门协调,对车险案件仲裁审理中遇到的普遍疑难问题进行系统的整理、归纳,统一了案件裁决思路,在保证当事人的正当权利的同时,有效化解了社会矛盾。

(三)探索互联网金融纠纷仲裁解决模式

积极拓展互联网金融纠纷仲裁解决途径。沟通协调蚂蚁金服、网上银行、杭州龙盈互联网金融信息服务公司(即盈盈理财)、佐力科创小额贷款股份有限公司(香港上市)、微贷网、挖财、爱学贷、51 信用卡、有融网、拓道金服、铜板街等几十家互联网金融企业或平台,推行"互联网+"仲裁争议解决方式。盈盈理财在房贷宝抵押借款合同、盈信宝理财合同上全面选择互联网+杭仲解决纠纷,合同标的近 50 亿元。佐力科创公司、钱庄网、爱学贷、51 信用卡等在平台的全部合同均已选择仲裁解决。其中盈盈理财平均标的在 20 万元左右的互联网金融借款合同案件,均已通过仲裁方式妥善解决,并取得良好的社会效果。

为了确保互联网金融案件审理的权威性,通过与第三方身份认证及电子签名、签章、存证平台认证机构联系,研究如何打通数据接口,提升互联网金融仲裁的技术力量,为互联网金融案件高质量和高效率审理探索打下较为扎实的基础。

三、加强与相关部门的沟通协调

结合行业特点推进金融仲裁发展。一是积极参加行业协会组织的会议。金融仲裁院 2017 年参加了浙江省银行业协会法律专业委员会 2016 年度工作总结及 2017 年工作计划会议,探索仲裁化解银行风险的方式创新,向省银行业协会《银法苑》报送 2 篇案例宣传仲裁;参加省担保行业协会工作会议推进仲裁。二是保持与法院的流畅对接。通过走访杭州市中级人民法院民四庭,就仲裁文书送达、确认仲裁效力的审理效率、撤销仲裁裁决的审判标准等问题进行了交流,全年没有被撤销和确认仲裁效力无效案件。三是增进了与律师事务所的协作力度。走访北京中伦律师事务所,就私募基金、金融同业机构间纠纷仲裁解决与仲裁选择进行交流研讨;走访大宇律师事务所,研究提高民间借贷案件仲裁选择率和疑难问题解决办法；参加市律协金融法律专业委员会例会，组织部分律师仲裁员确定金融仲裁发展计划。四是建立与各家银行的不定期交流沟通机制。建立有效快捷的处理渠道，积极听取银行的建议，以有效解决银行案件办理过程中出现的问题。

四、加强金融仲裁公信力建设

加强金融仲裁规范化，保证案件质量效率。一是注重提升办案秘书办案质量。在日常工作中，跟进办案秘书的办案情况，研究重点、疑难案件，更好地服务仲裁庭；细化办案程序，统一类案裁决书格式，提高办案效率。二是严格贯彻落实重大事项报告制度。超千万元案件提前制定庭审预案，加强仲裁庭的庭前沟通，庭后及时报告，对超亿元案件仲裁审理进行总结，保证案件质量。三是规范庭前评议、庭后合议制度，建立与仲裁庭的良好沟通机制，及时高效地审理案件。四是梳理车险案件仲裁员办案情况，对仲裁员办理及时反馈，保证办案效果，让当事人满意。五是试行金融仲裁案件评估鉴定管理办法，整理年度金融仲裁典型案例，总结案件审理程序和适用法律。上述措施有效规范了金融仲裁的办案程序，提升办案秘书的办案能力，为金融仲裁的公信力打下了坚实的基础。

突出金融仲裁特色，扩大金融仲裁影响力。一是召开"银行（金融机构）同业纠纷仲裁解决"座谈会，就金融同业机构签订合同时应注意的事项进行总结归纳，提出解决建议。二是继续落实并探索银行案件快速审理特别程序，在现有法律框架下，尊重各方当事人意思表示的基础上，发挥仲裁快捷高效特点，实现当天立案、当天调解、当天出具调解文书，有效地帮助银行提高不良贷款的处理效率，化解当事人之间的矛盾，为多元化纠纷解决机制打下坚实基础。三是邀请优秀仲裁员召开金融疑难案例分析学习会，研讨金融仲裁实务中的难点问题，就仲裁释明权在庭审中的运用，仲裁庭调取证据以及"函询"应注意的问题，仲裁裁决说理应把握的原则等议题展开充分研讨，提高仲裁员和办案秘书办案水平。

回顾 2017 年的工作，还存在金融仲裁发展效果不明显、发展办法单一、仲裁标的起伏较大等问题,尤其在银行(金融机构)的发展效果不明显,金融仲裁审理规范化水平、仲裁审理效率还有待提高。对于新时期出现的案件量大、标的额小的批量案件,存在处理及应对方法不足等情况。在新的一年,还需要进一步加强与法院的沟通,建立常态化协调机制,进一步探索仲裁审理程序创新模式等以应对金融业态下仲裁所面对的挑战,我们会在 2018 年金融仲裁工作中砥砺前行,继续努力。

2017年杭州市融资性担保行业发展报告

杭州市经信委

一、担保行业基本情况

2017年,我市123家(含2家分支机构)融资性担保机构获得省经信委审核批准颁发的融资性担保机构经营许可证,其中法人机构121家(国有控股18家、民营担保机构103家)。按注册资本金分:10亿元(含)以上1家,为国有控股;1亿(含)~10亿元38家,其中国有控股13家;5000万(含)~1亿元47家,其中国有控股3家;5000万元以下有35家,其中国有控股1家。我市融资性担保行业从业人数1857人,其中研究生学历96人,本科学历802人,大专及以下学历959人。

据统计,2017年末,全市担保机构担保金额575.43亿元,担保户数81379户。其中为中型企业担保金额30.60亿元,担保户数561户;为小微企业担保金额102.49亿元,担保户数4057户。

2017年末,全市融资性担保机构注册资本金合计144.95亿元,净利润1.37亿元,所有者权益154.53亿元,平均资本利润率0.87%。

2017年末,未到期责任准备金7.94亿元,担保赔偿准备金8.89亿元,一般风险准备金1.61亿元。累计担保代偿额30.89亿元,其中小微企业9.41亿元,中型企业1.54亿元。2017年全市中小企业融资担保业务共获得政府扶持资金4.62亿元。

二、所做的主要工作

(一)加快推进政策性融资担保体系建设

出台政策性融资担保体系建设实施意见。2017 年 6 月,在广泛征求相关部门意见建议的基础上,市政府正式印发《杭州市政策性融资担保体系建设实施意见》。成立政策性融资担保体系建设工作领导小组。截至 2017 年 12 月底,市本级和全市 13 个县(市、区)均成立由分管区县领导担任组长的领导小组或协调议事机构。全市政策性融资担保体系建设工作机制基本形成。组建全市政策性融资担保机构。截至 2017 年 12 月底,全市通过新设、重组、合并等方式共组建政策性融资担保机构 15 家,注册资本 20.3 亿元。

(二)落实融资担保机构业务风险补偿

一是根据《杭州市小微企业创业创新基地城市示范工作专项资金管理办法》,对为杭州市行政区域内的小微企业提供的非消费性和"三农"等开展的融资担保业务进行业务补偿,共下达补偿资金 1350 万元。二是组织全市融资担保机构申报省财政厅 2017 年金融业发展专项资金担保机构风险补偿资金项目。全市 18 家企业获补偿资金 1430 万元。

(三)开展"双随机"抽查

为贯彻落实《浙江省人民政府办公厅关于全面推行"双随机"抽查监管的意见》(浙政办发〔2016〕93 号)、《关于印发浙江省经信系统"双随机"抽查管理办法》(浙经信法规〔2016〕350 号)等相关规定,制定了全市融资担保机构"双随机"抽查监管要求和事项清单及"合规性"辅导工作。从 4 月 27 日启动开始至 12 月初结束,共抽查担保机构 25 家和服务担保机构 51 家,范围包括建德、淳安、桐庐、富阳、萧山、余杭、杭州市区。

（四）开展信用评级

55 家担保机构获 BBB 以上信用评级，其中 AA 级 3 家，AA⁻级 3 家，A⁺级 6 家，A 级 11 家，A⁻级 11 家，BBB⁺级 10 家，BBB 级 7 家，BBB⁻级 2 家，BB 级 2 家。这是我市首次有 3 家担保机构被评为 AA 级；首次没有出现 BB 级。

（五）加强行业监管

每月对 123 家担保机构向《浙江省融资性担保行业监管系统》报送的报表进行审核。

（六）开展业务培训

全年共举办"企业资产损失所得税税前扣除管理办法和企业纳税信用管理""首期担保讲师团""融资担保公司监督管理条例""金融法律服务月"圆桌论坛等四场培训，参加培训 660 余人。

（七）深入考察调研

对担保机构进行深入调查研究，撰写《关于杭州市建设工程推行制度修改意见》《黑龙江考察报告》。2017 年共接待各省、市担保行业 42 人次来杭交流及调研。组织担保行业高管赴黑龙江省考察学习及参与省担保协会组织赴宁夏考察。行业协会被浙江省信用与担保协会评为"2017 年度浙江省先进担保协会"、吴建瑛同志被评为"优秀秘书长"。

三、存在的主要问题

（一）银担合作依然处于弱势地位

银行作为社会融资体系的主要组成部分，目前对担保行业的认同感不够，所设门槛高，银行过高的资格要求导致担保机构合作难。此外，银行对民营融资担保和政策性担保机构区别对待，也加大了民营融资担保的经营难度，更使其面临着银行随时中断合作的风险。

(二)非融资业务面临新挑战

(1)2017 年浙江省高级人民法院下发了浙高法〔2017〕1 号文《关于对首批为财产保全提供信用担保的公司予以备案的通知》,对审核通过的 8 家担保机构实行了准入制,许多一直在开展财产保全的担保机构被拒之门外,无法正常开展业务。

(2)杭州市自 2006 年实施工程担保备案制,截至 2016 年 12 月,全市共有 89 家担保机构具有开展工程担保的资质,注册资本金 74.23 亿元,非融资担保机构 15 家,注册资本金 11.76 亿元。开展工程担保总额 25.08 亿元。其中:业主支付保函 125 份,工程造价 3453.16 亿元,担保金额 10.39 亿元;承包商履约保函 194 份,工程造价 210.90 亿元。自 2016 年 12 月 1 日杭州市建设招标投标管理办公室下发《关于取消业主支付保函和承包商履约保函备案工作》的通知,取消了备案制。自此外地的担保机构、保险公司蜂拥而入工程担保市场,采取下调保费等恶性竞争手段,扰乱市场,加大了行业风险。

2017 年杭州市创投工作发展报告

杭州市发改委

2017 年,市创投办在市委市政府的正确领导下,紧跟"十三五"规划方向,抓住建设"钱塘江金融港湾"和实施"凤凰计划"的机遇期,努力做好杭州市创投引导基金工作,为我市创新型经济发展提供了有力的要素支撑。

一、市创业投资引导基金工作情况

(一)总体情况

市创投办在市委市政府的领导下和各成员单位的大力支持下,积极推进各项创投引导基金工作,取得了可喜的成绩。2017 年市创投引导基金新增合作参股基金 9 家,规模 16.6 亿元,新增投资项目 103 个,新增 5 家上市企业。累计合作参股基金 56 只,总规模 82.9 亿元。创投引导基金合作参股基金投资项目中累计有 15 家企业成功上市,13 家企业被上市公司并购,新增 15 家企业挂牌新三板。市创投引导基金先后被投中集团评为"2017 年中国最佳创业投资引导基金 TOP10""2017 年中国最佳创业投资领域有限合伙人 TOP10";被清科集团评为"2016 年中国政府引导基金 20 强";被亿欧网评为"2017 年中国最佳政府产业引导基金(服务机构奖)",市发改委娄仲良副主任应邀在全国创投第五次峰会上发言。

(二)成效亮点

1. 聚焦科技金融,加强对科技型中小微企业服务

截至 2017 年末,市创业投资引导基金累计签约出资 18.105 亿元,累计实

际出资 11.718 亿元,投资项目 451 个。其中创投引导基金合作参股基金累计投资项目 398 个,投资金额 41.05 亿元,带动社会联合投资金额 23.13 亿元。跟进投资 53 家,实际累计出资 1.10 亿元,带动社会资本 7.51 亿元,当年新增退出项目 6 个,本金合计 1109 万元,利息收益 181.34 万元,累计已退出项目 34 个,回收投资本金 6989.4 万元。所投项目 90% 为科技型中小微企业和商业模式创新相关企业。

2.服务实体经济,助力"凤凰行动"计划

截至 2017 年底,创投引导基金在杭累计投资项目 246 个,项目投资金额 25.56 亿元,投资杭州项目金额占全部投资的 62%。其中投资杭州初创期项目 169 个,占投资杭州项目的 68%;金额 15.36 亿元,占比 60%。2017 年新增 4 家杭州本地上市企业,分别是元成股份、正元智慧、长川科技、天地数码。至此,合作参股基金投资项目中累计有 9 家杭州本土上市企业。

3.加强市区联动,促进各区创新创业

近年来,杭州市创投引导基金在市本级出资的"单打一"方式基础上,通过不断加强和省(部)、县(市、区)的联动,建立省市区三级联动的"多合一"出资方式:先后与上城区、下城区、江干区、滨江区、下沙经济开发区、余杭区等开展合作。其中,与滨江区合作设立 5 亿元的杭州同心众创投资基金,主要投资于信息技术、先进装备制造、节能环保、医疗健康、新能源、新材料等领域;与下沙经济开发区合作设立 2 亿元的巢生创投基金,主要用于生物医疗领域的早期投资和内部孵化。

4.盘活基金存量,加快引导基金循环使用

在确保引导基金运作规范和资金安全的同时,积极寻找退出机会回收资金循环使用。2017 年全年完成合作参股基金完整退出 1 家,收回本息 5336.44 万元;累计已完成对 11 家合作参股基金的整体退出,收回本息 3.47 亿元,其中本金 3.25 亿元。另外,5 家合作参股基金实现部分资金退出。截至 2017 年底,整体及部分退出基金个数共 16 个,退出金额超过 4.7 亿元。

5.树立杭州形象,推动全球引智

杭州市创投引导基金积极发挥平台作用,通过与硅谷孵化器合作,不定期组织引导基金合作创投机构与海外孵化的优秀人才、项目对接,帮助意向回国创业的海外优秀创业人才、项目落实产业化所需要的资本投入,助推海外优秀创业企业落户杭州快速成长。2017 年 7 月,杭州市经济技术开发区与博将资本和 Silicon Catalyst 共建首期 1 亿元机器智能产业基金,将打造一个以机器智能为特色的 Silicon Catalyst(中国)跨境孵化器,通过"基金＋孵化器"合作带动境内外项目落户,预计在五年之内引进机器智能科技项目 50 个以上。

6.依托科技支行,加强创投金融支持

为了配合创投引导基金的工作,杭州市依托杭州银行成立了以政府创业投资引导基金为核心、与创投机构紧密合作,专门服务于杭州科技型中小企业的科技支行。目前,科技支行已与 120 家创投机构建立了广泛的合作关系,在银投联贷、股债平行基金、新三板起飞贷和风险池基金贷款等产品创新使用方面积累了较好的实践经验,处于行业相对领先地位。这些创新性的金融产品,为广大科技型、创新型中小企业提供了有力的金融支持。

二、2018 年市创业投资引导基金工作建议

(一)扩大引导基金规模,服务实体经济

贯彻徐市长做大做强创投引导基金的批示精神,抓住深化改革和政策创新的机遇期,积极扩大市创投引导基金规模,加强与国内顶尖创投企业的合作,加大对杭州市项目的投放力度,努力孵化和培育信息、节能环保、大健康等产业的"独角兽企业",为"凤凰行动"计划提供坚实基础。

(二)助力金融特色小镇,支持钱塘江金融港湾建设

依托杭州依山傍水的美丽风光、充裕活跃的民间资本和宽松优良的金融政策环境,积极发挥创投基金的引导作用,吸引国内外优质创业资本、项目、技术和人才向玉皇山南基金小镇、西溪谷互联网金融小镇等新兴金融发展平台集聚,助推其新金融业态的形成,支持钱塘江金融港湾建设。

(三)探索模式创新,打造"三创"生态体系

大力支持"大众创业、万众创新",通过市创投服务中心,与深创投等知名机构开展合作,加大对创业投资机构和创业企业的支持,不定期地为创业投资机构推荐优秀创业项目,为创业企业提供融资帮助,形成以产学研对接、政策服务、科技金融、人才服务、科技中介、品牌建设和创业文化环境服务等为主要内容,贯穿企业孵化、生产、营销等各个环境的多层次创业投资服务体系——创新创业创投融合的"三创"生态体系。

(四)结合审计情况,完善管理运营

一是由市创投办牵头,对现行的 2010 年版的《杭州市创业投资引导基金管理办法》进行修改,报请市政府发布施行。二是创投办将督促基金管理机构制定尽职调查、专家评审、投后管理、投资退出等方面的具体明晰细则,认真进行整改,保障市创投引导基金更加规范运作。

(五)扩大市创投引导基金的行业影响力,营造更好的创新创业氛围

一是举办市创投引导基金十周年系列活动。并积极向国家发改委争取在杭州举办第六届全国创投峰会,以树立我市创投行业的品牌形象。二是建议召开市创投引导基金管委会会议。总结十年来我市创投引导基金工作的成果和不足;明确管委会各组成部门职责分工,部署下一个阶段我市创投引导基金工作的目标和任务。

2017年杭州市典当行业发展报告

杭州市商委

截至 2017 年 12 月 31 日,杭州市行政区域范围内共有典当企业 81 家、分支机构 11 家。其中,主城区典当企业 55 家、分支机构 7 家;萧山区典当企业 8 家、分支机构 2 家;余杭区典当企业 6 家、分支机构 2 家;富阳区典当企业 4 家;临安区典当企业 3 家;桐庐县典当企业 2 家;建德市典当企业 1 家;淳安县典当企业 2 家。

据统计,截至 2017 年 12 月底,全市典当企业实现典当金额 131.72 亿元,同比增加 12.8%,实现典当业务 47403 笔,同比下降 15.34%,平均单笔典当业务金额 27.79 万元,同比上升 30.15%。利息和综合服务费收入 19720 万元,同比增长 1.27%。上缴税金 3933 万元,同比增加 23.48%。实现利润总额 10468 万元,同比增长 56.26%。亏损企业 30 家,比去年减少 2 家。企业亏损占统计企业的 42.86%,同比略有下降。亏损额 1334 万元,同比基本持平。季末典当余额 22.52 亿元,同比增加 8.27%。注册资金 28.29 亿元。总资产 36.86 亿元,同比增加 26.95%。从业人员 544 人,比去年增加 30 人。

2017 年杭州典当业经营情况呈现如下特点:

第一,各项经营指标有增有跌,但经营利润同比有较大提高。与去年同期比较:典当业务完成 47403 笔,较去年同期的 54676 笔,减少 7273 笔,下降 13.30%;典当金额完成 131.72 亿元,同比增长 12.8%;营业收入完成 19720 万元,同比基本持平。年收费平均水平:动产典当 2.01%,同比增加 0.23%;财产权利典当 1.4%,同比增加 0.23%;房地产典当 1.17%,同比下降 0.53%。2017 年,行业实现利润总额 10468 万元,同比增加 3769 万元,增长 56.26%。按常理,在业务数量下降,房产费率下降的情况下,经营利润也应该下降,但 2017 年利润不降反增,经分析,有这样几个原因。从报表看,一是有

19 家企业经营利润呈正增长,有的增幅较大,其中浙江盛元智本典当公司经营利润 427 万元,同比增加 1186.11%;浙江浙商典当公司增幅也在 100.03%;杭州西子典当公司的增幅也不小,增幅达到 44.79%;其他如杭州众信典当公司、浙江银通典当公司,分别比去年同期增长 300.10% 和 99.56%。二是有 15 家亏损企业减亏扭亏。浙江电联典当公司从去年同期的负 130 万元,到今年的正常盈利 138 万元,增幅不小,浙江工信典当公司从去年的负 18 万元到今年的正常盈利 23 万元也打了经营的翻身仗。三是房产业务的增量覆盖了费率下跌带来的不利影响。从盈利的方式看,有不少企业的盈利并不是正常典当业务带来的,有的企业利润增长是今年的诉讼执行成功,利润大幅增长;有的企业通过闲置资金银行理财带来利润;有的企业是通过开源节流,减少经营成本支出实现利润增长。因此,2017 年度利润增长并不能说明典当业务的正常经营盈利情况。总的来看,从 2008 年金融危机以来,除 2011 年有反弹外,其他年份典当经营的各项指标都在走下坡路,到目前都未有停止的迹象,对此,我们要有清醒的认识和准备。

第二,动产业务降幅较大,房地产业务逆势增长。2017 年,我市典当企业发放贷款总额 131.72 亿元,同比增加 12.8%。分业务品种看:动产典当 14.17 亿元,同比净值下降 3.96 亿元,下降 21.85%;财产权利业务典当 34.65 亿元,同比下降 5.43%;房地产业务典当 83.03 亿元,同比增长 33.92%。

在三大业务中,动产典当业务占比 10.75%,占比继续缩小,财产权利典当业务占比 26.30%,房地产典当业务占比 63.03%,重新站在 60% 高位。动产典当业务是我市不少典当企业重点培育的业务,在人才培养和业务开拓上花了不少的精力,传统观念上的民品典当业务要守,要靠年复一年的积累,业内也开展了不少的培训和引导,希望扩大民品典当在整个行业经营中的份额,但从目前来看,情况不容乐观。民品典当业务量连年下降,而且降幅较大,业务占比份额越来越小。杭州西子典当公司、浙江浙商典当公司、杭州恒丰典当公司、浙江中财典当公司是我市民品典当的标志性企业,这些企业成立伊始就开展民品典当业务,经营的品种也比较全,这些企业有的已有近 30 年的历史,有的也有十几二十几年的历史,但民品典当的业务不升反降,降幅不小,今年 1—12 月,杭州西子典当公司、杭州恒丰典当公司、浙江浙商典当公司、浙江中财典当公司新增民品典当业务分别为 966 笔、404 笔、516 笔和 394 笔,同比分别下降 26.20％、28.87％、14.99％、30.63％。分析原因,一是老百姓生活水平提高,社会稳定,借贷行为减少。二是网络现金贷盛行和信用卡套现,挤压民品典当空间。三是由于城市拆迁,一批典当企业处于新杭州市远离城区。

2017 年,房地产典当业务成绩较为突出,逆势增长 33.92％。从报表看,这个增长是有质量的增加,特别可喜。从城区企业的统计数据看,有两组数据能说明这个问题:一是 2016 年前 3 季度,单笔房产典当业务超过千万元的有 41 笔,而 2017 年这种业务只有 23 笔。二是超过 200 万元低于 1000 万元的房产典当业务 2016 年是 195 笔,2017 年是 227 笔。一减一增使典当业务总量不少,风险分散了,因此说是有质量的增长,希望这种好势头能保持下去。

第三,企业负债无明显变化,典当逾期贷款占比缩小,资产风险得到一定程度的控制。期末行业资产总额 36.86 亿元,同比增长 29.65％。年末负债总额 4.19 亿元,资产负债率 11.36％,同比基本持平。年末逾期的典当金额 5.89 亿元,同比下降 23.60％,占总资产的 15.57％,比上年下降 11.55 个百分点,这是这些年来取得的不错的成绩,其中逾期超过一年的典当贷款 4.19 亿元,同比下降 3.23％,占到总资产的 11.37％。这两个指标是我们重点关注的,各企业在典当实践中对风控的把握有了很大提高,总体逾期贷款有所下降,但超过一年的逾期贷款仍在高位运行,风险还是存在,需要我们去克服和消化,典当经营对风险的防范还需要进一步加强。

第四,典当余额保持正常水平,房地产业务继续在高位运行。截至 2017 年底,行业典当余额为 22.52 亿元,占行业总资产的 75.93％(总资产按 29.66 亿元统计,除去了物产元通典当公司新近增加的 7.2 亿元),与上年同期持平。其中:动产典当余额 3.16 亿元,占比 14.03％,同比增加 0.91％;财产权利典当余额 5.15 亿元,占比 22.87％,同比下降 7.76％;房地产典当余额 14.21 亿元,占比 63.10％,同比上升 7.00％。从中可以看出,在经营环境比较不利的情况下,典当企业在经营上还是蛮拼的,房产典当业务继续呈上升势头,而且房产典当业务具有小额多次的特点,把风险分散,做到了业务不减,风险有效管控的局面。

第五,企业经营呈三三制发展,亏损企业扭亏任重道远。2017 年,100 万元利润以上企业有 12 家,其中经营利润上千万的企业有 5 家,这些企业无论是典当金额、典当收入还是经营利润都占行业的 70% 以上。利润在 1 万元以上 100 万元以下的企业有 19 家,这里的部分企业在亏与不亏之间,一不小心就跌落亏损行列。亏损企业 33 家,同比减少 5 家,亏损企业中有部分企业是常户头,几年来都亏损,由于资金、人才等各方面原因,扭亏难度很大,其中有部分企业是暂时亏损,过了这个时间节点,能够实现扭亏转盈。还有 6 家企业(金塔、猫头鹰、云鑫、金墙、信得利、天灵),已经多年不经营成为僵尸企业。

2017 年杭州市上市公司并购重组发展报告

杭州市白沙泉并购金融研究院

2017 年,在浙江省"凤凰计划"的号召与引领下,杭州市相关政府部门围绕"腾笼换鸟、凤凰涅槃"的政策导向和发展目标,实施了一系列助推企业并购重组的配套举措,各类投资机构及中介机构与上市公司通力协作、共同发展,资源配置得到不断优化,企业转型升级效果显著,保障上市公司并购重组活动稳步增长。

为贯彻落实浙江省委、省政府决策部署,全力推进杭州市传统制造业改造提升,稳增长、调结构、强创新、促转型,促进传统优势产业可持续发展,提高经济发展的质量和效益,杭州市人民政府制定了《杭州市人民政府关于印发杭州市全面改造提升传统制造业实施方案(2017—2020 年)的通知》(杭政函〔2017〕171 号),为达到信息化和工业化深度融合水平明显提高,智能制造、绿色制造、服务型制造等新型制造模式全面推进,产业结构、产业层次、技术创新、空间布局等方面实现战略性转型,重点提出响应"凤凰行动"计划,支持优势企业围绕提升产业集中度、延伸产业链开展并购重组,整合先进技术、人才、品牌、渠道等核心资源,实现企业由大到强。支持上市公司牵头或联合发起设立产业并购基金。2018 年杭州市颁布《杭州市人民政府关于全面落实"凤凰行动"计划的实施意见》,结合杭州实际,响应"凤凰行动"。

一、杭州市上市公司并购重组概况

(一)并购重组规模稳步提升

截至 2017 年 12 月 31 日,杭州拥有境内外上市公司 163 家,总数仅次于北京、上海和深圳,列全国第 4 位,其中境内上市公司 128 家(上交所上市 48 家),境外上市公司 35 家,合计总市值约 5 万亿元,列全国第 4 位,在省会城市中排名第一。2017 年杭州新增上市公司数量创历史新高,杭州新增上市企业 28 家,增加数量超过北京,仅次于上海和深圳。

根据 Wind 数据库提供的数据统计,2017 年杭州共有 77 家上市公司发起并购,较 2016 年增加 12 家,总计 144 起交易,较 2016 年增加 10 起,涉及 145 家标的公司,与 2016 年持平,披露金额的交易达 140 起,共 420.20 亿元,较 2016 年增加 116.74 亿元(见表 1)。

表 1　2017 年杭州上市公司并购规模

年份	并购企业数量(家)	并购标的数量(家)	并购交易数量(起)	披露并购金额交易数量(起)	并购金额(亿元)
2017	77	145	144	140	420.20
2016	65	145	134	133	303.46

资料来源:Wind 数据库。

(二)主板并购占比高,创业板并购活跃

深圳主板上市公司最多,共 30 家,上交所上市公司 26 家,创业板上市公司 20 家,香港上市公司 1 家。而创业板公司并购活动最为活跃,平均每家公司并购交易 2.15 起(见表 2)。

表 2　2017 年杭州上市公司并购情况及分布

	深圳主板	上海主板	创业板	香港	总计
公司数量(家)	30	26	20	1	77
占比(%)	38.96	33.77	25.97	1.30	100
并购交易数量(起)	60	40	43	1	144
占比(%)	41.67	27.78	29.86	0.69	100
并购金额(亿元)	151.04	168.52	100.38	0.25	420.19
占比(%)	35.95	40.10	23.89	0.06	100

资料来源:Wind 数据库。

(三)并购主体以制造业为主,信息服务相关企业活跃

2017年,杭州市发起并购交易的上市公司涉及制造业,电力、热力、燃气及水的生产和供应业,建筑业,批发和零售业,信息传输、软件和信息技术服务业,金融业,房地产经纪业,水利、环境和公共设施管理业,卫生和社会工作业,文化、体育和娱乐业等十四大行业。

从并购方行业来看,发起及完成并购交易最多的是制造业公司,分别达到42家和13家。其次为信息传输、软件和信息技术服务业,房地产业,以上两个行业的公司数量均超过5家,其中信息传输、软件和信息技术服务业已完成并购的公司共4家(见表3)。

表3 2017年杭州并购重组上市公司并购方行业分布

并购方行业	并购数(家)	占比(%)	完成数(起)	占比(%)	并购金额(万元)	占比(%)	完成金额(万元)	占比(%)
制造业	42	54.55	13	56.52	1951969.17	46.45	703148.76	69.63
电力、热力、燃气及水的生产和供应业	4	5.19	1	4.35	951301.12	22.64	9000	0.89
建筑业	2	2.60	0	0.00	37475	0.89	0	0.00
批发和零售业	4	5.19	1	4.35	47117.31	1.12	30590.94	3.03
信息传输、软件和信息技术服务业	9	11.69	4	17.39	412249.08	9.81	104166.39	10.32
金融业	2	2.60	1	4.35	3586.2	0.09	2881.2	0.29
房地产经纪业	5	6.49	1	4.35	409095.12	9.74	92000	9.11
水利、环境和公共设施管理业	1	1.30	1	4.35	55000	1.31	55000	5.45
卫生和社会工作业	4	5.19	0	0.00	150355.27	3.58	0	0.00
文化、体育和娱乐业	4	5.19	1	4.35	183837.18	4.38	13056.5	1.29

资料来源:Wind 数据库。

从标的方行业来看,被并购公司主要也集中在制造业,共 30 家,占总数的 20.69%,已经完成收购 13 家,占所有完成数量的 23.64%。其次为租赁和商务服务业,以及信息传输、软件和信息技术服务业,分别达 26 家和 23 家。所有行业中,对信息传输、软件和信息技术服务业标的收购完成率最高,达 43.48%(见表 4)。

表 4 2017 年杭州并购重组上市公司标的方行业分布

标的方行业	标的数(家)	占比(%)	完成数(家)	占比(%)	标的金额(万元)	占比(%)	完成金额(万元)	占比(%)
制造业	30	20.69	13	23.64	1058501.81	26.06	148607.24	13.53
租赁和商务服务业	26	17.93	9	16.36	1278097.41	31.47	184536.55	16.80
信息传输、软件和信息技术服务业	23	15.86	10	18.18	417065.37	10.27	313854.17	28.58
科学研究和技术服务业	16	11.03	4	7.27	414197.36	10.20	35479.63	3.23
水利、环境和公共设施管理业	14	9.66	5	9.09	289885.23	7.14	71596.71	6.52
批发和零售业	10	6.90	5	9.09	245783.56	6.05	136444.70	12.42
房地产业	9	6.21	2	3.64	230855.89	5.68	95675.76	8.71
文化、体育和娱乐业	5	3.45	2	3.64	31789.28	0.78	29094.91	2.65
卫生和社会工作	4	2.76	1	1.82	22724.55	0.56	13600	1.24
电力、热力、燃气及水的生产和供应业	3	2.07	1	1.82	20000	0.49	20000	1.82
建筑业	2	1.38	0	0	3147.8	0.08	0	0.00
金融业	2	1.38	2	3.64	40590.94	1.00	40590.94	3.70
交通运输、仓储和邮政业	1	0.69	1	1.82	8840	0.22	8840	0.80

资料来源:Wind 数据库。

(四)标的区位以省内为主,省内标的杭州占比最多

从标的公司的注册地址来看,杭州上市公司并购重组标的以省内公司为主,共 67 家,占总量的 46.21%。省外最受欢迎的收购地区是北京,共 17 家,占总量的 11.72%。其次为江苏省,共 12 家,占总量的 8.28%。再次为广东省,共 9 家,占总量的 6.21%。合计境内标的共 135 家,境外标的共 10 家,占总量的 6.9%。在浙江省内,并购标的主要位于杭州,共 51 家,占浙江省内标的总量的 76.12%,其次为绍兴、金华、嘉兴,均为 3 家,均占浙江省内标的总量的 4.48%。境外标的主要位于美国,共 6 家,其次为香港,共 3 家,剩余 1 家位于英属维尔京群岛(见表 5)。

表 5　杭州市上市公司并购标的区域分布

区域分布	标的数(家)	占比(%)	完成数(家)	占比(%)	标的金额(万元)	占比(%)	完成金额(万元)	占比(%)
浙江省	67	46.21	23	15.86	1288700.3	31.73	328739.79	29.93
北京市	17	11.72	9	6.21	1013271.7	24.95	164326.1	14.96
江苏省	12	8.28	4	2.76	119266.79	2.94	54646.99	4.98
广东省	9	6.21	4	2.76	338831.04	8.34	121036	11.02
上海市	8	5.52	3	2.07	201445	4.96	20843.63	1.90
宁夏回族自治区	3	2.07	0	0.00	115667.12	2.85	0	0.00
江西省	3	2.07	3	2.07	158809.8	3.91	158809.8	14.46
安徽省	3	2.07	0	0.00	233040	5.74	0	0.00
广西壮族自治区	2	1.38	1	0.69	830	0.02	200	0.02
湖北省	2	1.38	1	0.69	162742.2	4.01	92000	8.38
福建省	1	0.69	0	0.00	6545.87	0.16	0	0.00
湖南省	1	0.69	1	0.69	6800	0.17	6800	0.62
河南省	1	0.69	0	0.00	6885	0.17	0	0.00
辽宁省	1	0.69	1	0.69	1817.6	0.04	1817.6	0.17
山东省	1	0.69	0	0.00	148200	3.65	0	0.00
四川省	1	0.69	0	0.00	5039.06	0.12	0	0.00
重庆市	1	0.69	0	0.00	5035.27	0.12	0	0.00

续表

区域分布	标的数（家）	占比（％）	完成数（家）	占比（％）	标的金额（万元）	占比（％）	完成金额（万元）	占比（％）
新疆维吾尔自治区	1	0.69	0	0.00	1998	0.05	0	0.00
黑龙江	1	0.69	1	0.69	8840	0.22	8840	0.80
美国	6	4.14	1	0.69	212214.45	5.23	114760.704	10.45
香港	3	2.07	3	2.07	25500	0.63	25500	2.32
英属维尔京群岛	1	0.69	0	0.00	0	0.00	0	0.00

资料来源：Wind 数据库。

（五）股权收购为主要交易方式

2017 年，杭州市上市公司并购以股权收购为主，154 家标的公司中收购股权达 150 家，其余收购资产 3 家，债权与股权同时收购 1 家。其中，已完成的 37 起并购均为股权收购。

2017 年，杭州市上市公司发起并购标的方 154 家，其中披露并购份额的共 109 家。并购股权比例以完全并购为主，100％股权收购共 32 起，已经完成 11 起。其次以轻度并购为主，10％份额以下的并购共 21 起，已经完成 5 起。再次为控制权获取式并购，50％～60％份额之间的并购共 19 起，已经完成 6 起（见表 6）。

表 6　2017 年杭州市上市公司并购股权份额分布

收购比例	100％	〔90％，100％）	〔70％，80％）	〔60％，70％）	〔50％，60％）	〔40％，50％）	〔30％，40％）	〔20％，30％）	〔10％，20％）	〔0％，10％）
标的数量	32	3	3	5	19	10	3	5	8	21
完成数量	11	0	2	0	6	3	1	2	2	5

资料来源：Wind 数据库。

注：80％～90％数量为 0，略去。

（六）并购类型以混合并购为主，制造业以并购实现智能化转型

2017年，杭州市上市公司并购活动主要以混合并购为主，同行业内并购共45起，占并购总量的31.03％。其中制造业（C）除了同业并购，并购信息传输、软件和信息技术服务业（I）以及科学研究和技术服务业（M）最多，体现了制造业向智能制造转型升级的趋势（见表7）。

表7　2017年杭州市上市公司并购交易行业数量分布

标的方行业 ＼ 并购方行业	C（起）	D（起）	E（起）	F（起）	I（起）	J（起）	K（起）	N（起）	Q（起）	P（起）
C（起）	26	0	0	1	1	2	0	0	0	0
D（起）	1	2	0	0	0	0	0	0	0	0
E（起）	1	0	1	0	0	0	0	0	0	0
F（起）	5	1	0	1	1	0	0	0	2	0
I（起）	13	0	0	0	7	1	0	0	0	2
J（起）	1	0	0	1	0	0	0	0	0	0
K（起）	1	0	0	0	0	1	7	0	0	0
N（起）	4	2	1	0	3	0	0	0	1	3
Q（起）	4	0	0	0	0	0	0	0	0	0
P（起）	2	0	0	0	1	0	1	0	0	1
M（起）	10	0	1	0	1	0	1	1	1	1
G（起）	1	0	0	0	0	0	0	0	0	0
L（起）	9	1	1	1	3	1	4	0	3	3

资料来源：Wind数据库。

注：行业代码参照证监会行业分类规范（A农、林、牧、渔业，B采掘业，C制造业，D电力、煤气及水的生产和供应业，E建筑业，F批发和零售业，G交通运输、仓储和邮政业，H住宿和餐饮业，I信息传输、软件和信息技术服务业，J金融业，K房地产业，L租赁和商务服务业，M科学研究和技术服务业，N水利、环境和公共设施管理业，O居民服务、修理和其他服务业，P教育，Q卫生和社会工作，R文化、体育和娱乐业，S综合）。

二、2017 年并购市场发展特点

(一)杭州并购市场规模稳中有升

2017 年度受"一带一路"政策、传统产业整合加速、国企改革等因素影响,大额并购案件频现,但并购重组新规的实施和趋严的并购监管政策使中国并购市场整体发展较 2016 年有所回落。2017 年上半年,杭州并购市场在监管力度不断加强的影响下略有降温,上市公司终止并购频现。但 2017 年下半年,证监会打出政策"组合拳",在严监管的趋势下,同时鼓励双向调控,在国企国资改革、化解过剩产能、"僵尸企业"的市场出清、创新催化等方面进行更加明确的引导,杭州上市公司凭借服务实体的布局和积极的产业整合,全年并购数量和金额仍然呈上涨趋势。并购重组回归本源、服务实体的主旨却更加突出,杭州涌现出一批推动改革、风险可控、设计合理、示范引领的代表性案例,成为我国经济稳中向好、结构优化、动力转换的鲜明例证。

(二)资本力量通过并购推动新经济、新技术、新产业

在新旧发展动能的转换中,并购重组的发现、甄别、培育、激励功能日益显现。并购重组更加围绕实体经济主轴,产业整合成为主流。传统产业上市公司通过产业并购切入新行业、新业务,成熟行业上市公司通过并购实现业务扩张和产业链整合。

高端制造、节能环保、生物医疗、新能源等新兴行业标的资产,计算机通信、设备制造、信息传输、软件和信息技术服务等高端制造和信息技术产业,占据杭州上市公司并购的大半江山。一批已经显示出强大发展后劲的企业,登陆资本市场,为后续发展注入强劲动力;一批尚未实现盈利或盈利不稳定,但具备发展潜力的新经济企业,通过并购重组进入上市公司,获得了急需的资金支持,例如贝达医药收购 Equinox,给苦于肿瘤相关药物研发却全年无营收的该公司注入了资本力量,创造了研发环境。

（三）并购重组提升上市公司质量的作用依旧明显

由于并购重组一二级市场估值差异正在收窄，短期套利空间受到压缩，产业并购的政策引导和利益约束双轮驱动格局已经形成，收购切实能提升上市公司质量的优质标的仍是市场的重要抓手。2017年，杭州多家上市公司通过并购重组提升产品、市场及技术的核心竞争优势，发展良好的上市公司进一步收购优质参股子公司，收购并购基金培育的优质标的，处于行业周期性低谷的公司通过横向并购强强联合，实现优化经营、业务互补，提升市场占有率，行业竞争格局进一步优化，例如浙能电力近两年营业利润和净利润持续下滑，2017年营业利润同比下降34%，公司在2017年收购了枣泉发电51%股权、国电宁东49%的股权、华能大坝49%股权等，通过横向并购提升了市场占有率，增强企业竞争力。

（四）跨境并购面临挑战，优质公司把握机遇

近年来，美国对中国跨境并购行为的监管有所加强，杭州境外并购交易受到一些限制。但是，中国在"一带一路"的政策倡导下，跨境并购市场仍然保持活跃，随着经济发展要求和监管环境变化，杭州跨境并购不断规范，与新技术、新产品相关的实体制造业，成为并购的主流目标。境内上市公司通过境外并购获得设计、研发、营销、服务等高端生产要素，不断提升在全球价值链、产业链、供应链中的地位，改变着我国上市公司在全球价值链中的被动格局。

其中阿里巴巴2017年在海外的投资事件数量为13起，其中美国4起，印度3起，其他主要分布在菲律宾、马来西亚、印度尼西亚等东南亚国家。阿里巴巴在2017年的投资并购金额约为898.54亿元人民币，一年内市值大涨约100%。从2017年阿里巴巴的投资赛道分布来看，企业服务成为阿里最热衷的投资领域，占比接近30%，其次是电子商务和金融领域，TOP3行业占比超过50%。在企业服务行业，阿里巴巴投资了很多与人工智能、大数据，以及云计算等相关的公司，另外阿里巴巴还和百度、腾讯、苏宁、京东、中国人寿等合投中国联通780亿元人民币，这也成为2017年的一笔经典投资案例。

三、工作建议

(一)及时跟踪关注上市公司的发展动态

切实发挥杭州上市公司力量,积极引导上市公司通过并购新技术、新产品,提升上市公司质量,提高上市公司技术水平和竞争力,助力经济转型升级。在大力支持上市公司通过并购重组实现转型升级和质量提升、服务国民经济发展大局的同时,严防并购重组成为不当套利工具和风险传递管道,抑制部分市场主体"脱实向虚"的不良倾向。

(二)充分发挥并购金融街区的聚集效应

响应浙江省"凤凰行动"计划,加快建设并购服务平台。支持杭州市打造集信息、项目、资本、人才、服务和空间等于一体的并购金融集聚区,有效服务全省企业境内外并购重组,打造并购金融制高点,提供路演中心和融资服务,开展并购项目对接和服务,发挥政府产业基金和母基金杠杆作用,引导社会资金新设一批重点产业基金和行业并购基金。

(三)加强风险防范,控制并购整合风险

为防范金融风险,应不断加强上市公司并购风险防范意识。非理性的上市公司并购不仅给相关企业带来风险,也可能给金融体系注入风险,非理性的并购一旦经营不善、整合不成功,就会导致巨额的亏损,给企业带来沉重的包袱。上市公司在开展并购业务时,不但要考虑优化公司的产业结构,做大做强主营业务,减少同业竞争和关联交易,对于杭州上市公司开展最多的多元化并购,还应考虑是否符合公司实际、公司各方面是否有能力进行整合等因素,充分防范市场扩大、营收增加后,公司的内部整合和管理中出现并购整合风险。

四、经典案例

(一)南都电源收购华铂科技 49% 股权

南都电源通过向朱保义以非公开发行股份和支付现金相结合的方式购买其持有的华铂科技 49% 的股权,本次交易完成后,公司直接持有华铂科技 100% 股权,交易的总对价为 196,000 万元。本次交易是提升上市公司质量,对少数股东权益进一步收购的典型,华铂科技是全球范围内铅回收龙头企业之一,具备领先的规模、技术等综合优势,盈利能力较强。此次收购增强了公司对华铂科技的控制力,在提高上市公司的决策权和决策效率的同时,提升了华铂科技的管理和运营效率,保障了南都电源公司日常生产经营过程中相关铅原材料供应的安全性、稳定性和及时性。

(二)三维通信收购巨网科技 100% 股权

三维通信拟通过发行股份及支付现金相结合的方式购买巨网科技 81.48% 的股份,交易作价 11.0 亿元,此外,上市公司以自筹资金 250,000,000.00 元收购剩余巨网科技股东持有的 18.52% 的股份。此次收购是传统行业+互联网的典型,加速推进了公司移动互联网战略实施,完善了产业链布局,聚焦互联网广告行业,提升了移动通信与移动互联网之间的协同效应。

(三)贝达药业收购卡南吉和 Equinox

2017 年,短短三个月的时间,贝达药业通过两次收购,合计 4.80 亿元,收购卡南吉医药科技(上海)有限公司 100% 股权。取得 Vorolanib(CM082)项目在中国区域的全部权益。同年贝达药业通过全资子公司贝达投资以 1500 万美元的对价,收购 Tyrogenex 持有的 Equinox50% 股权,获得 Equinox100% 股权,拥有 Vorolanib 化合物肿瘤适应症在全球的全部权益。贝达药业的收购是处于研究中的医药研发公司通过注入上市公司获得发展资金支持的典型案例。

Tyrogenex 是一家专注于湿性年龄相关性黄斑变性和实体瘤药物早期研发的公司,致力于为病人提供更多的治疗选择。由于新药研发周期长、投入大,不可预测的因素较多。本次收购完成后,贝达药业取得 Vorolanib 化合物肿瘤适应症的完整全球权益,便于公司后续快速推进 X-82 项目的临床试验和市场运作,成为资本力量支持杭州医学高科技公司发展的典型。

政　策　篇

杭州市人民政府关于加快推进钱塘江金融港湾建设的实施意见

杭政函〔2017〕79号

各县(市、区)人民政府,市政府各部门、各直属单位:

为深入实施省委、省政府关于打造钱塘江金融港湾的发展战略,进一步拓展我市金融发展空间、优化金融功能布局、激发金融创新活力、提升金融国际化水平,全力构建财富管理和新金融创新中心,现就加快推进钱塘江金融港湾建设制定本意见。

一、明确总体要求

(一)工作目标

积极构建财富管理产业链和新金融生态圈,将钱塘江金融港湾打造成为在国际上有影响力、在国内处于优势地位,具有强大资本吸纳能力、人才集聚能力、创新转化能力、服务辐射能力的财富管理和新金融创新中心。

1. 综合发展目标

到2020年,全市金融业增加值突破1600亿元,占GDP比重达10%以上,金融业增加值占全省比重(集中度)超过25%。

2. 财富管理目标

到2020年,钱塘江金融港湾集聚私募基金及各类财富管理机构3000家以上,管理资金规模超过1万亿元。

3. 新金融发展目标

到2020年,钱江金融大数据创新基地集聚发展金融大数据服务相关企业

100 家以上,年产值超过 500 亿元,形成全国最大的金融大数据云平台。

4.要素交易目标

到 2020 年,在钱塘江金融港湾内形成 1 家以上万亿级、3 家以上千亿级金融要素交易场所。

(二)空间布局

钱塘江金融港湾主规划区以杭州市为中心,包括钱塘江、富春江两岸沿江的县(市、区),形成城市 CBD 形态和小镇形态的"1＋X"空间布局,其中,"1"即核心区,指江干区钱江新城和萧山区钱江世纪城,"X"即一系列各具特色的金融小镇(集聚区)。

(三)基本原则

1.坚持梯度发展原则

科学谋划、分段推进、点面结合、梯度发展,构建适度分散又有机结合的金融发展新格局。

2.坚持特色发展原则

围绕区域资源禀赋,借鉴先进发展模式,打造专业化、国际化、差异化、特色化的金融产业集聚平台。

3.坚持统筹兼顾原则

统筹金融与产业、金融与创业创新、金融与生态环境之间的关系,实现经济社会和谐发展。

4.坚持创新有序原则

解放思想、鼓励创新,合理引导、有序发展,防控风险、维护稳定,构建经济金融良性发展的长效机制。

二、落实重大任务

(一)重点打造钱江财富管理核心区

1.集聚各类总部机构

以钱江新城、钱江世纪城为中心,根据发展需要,未来可适当向上城区、滨江区沿江区域延伸,重点集聚银行、证券、保险等传统金融机构总部,信托、基金、期货、资产管理公司等大型财富管理机构和上市公司投融资总部等,打造钱塘江金融港湾的核心和龙头。积极发展产业基金、母基金(FOF)、私募股权和证券投资等专业化财富管理机构,积极争取金融监管部门、权威行业组织、金融中介服务机构、金融教育机构及金融仲裁机构等进驻核心区,为钱塘江金融港湾提供配套服务。

2.拓展金融要素交易平台

鼓励金融要素交易平台进驻核心区,重点发展地方资本市场,大力支持开展股权债权、金融资产、大数据、知识产权、碳排放权等交易业务。支持金融要素交易平台在依法合规的前提下,加快业务创新和市场推广,做大交易规模,做出特色。支持浙江股权交易中心、杭州产权交易所等金融要素交易平台做大做强。

(二)着力构建钱江私募基金走廊

1.构建私募基金生态圈

以玉皇山南基金小镇、云栖小镇、白马湖创意小镇、湘湖金融小镇、黄公望金融小镇、健康金融小镇、新安江财富小镇、秀水基金小镇等为主要载体,串联形成以私募基金集聚和特色金融服务创新为主要特征的金融集聚带。积极发展私募基金及特色金融服务产业,重点做好各类私募细分行业龙头企业的招引培育工作,吸引高端金融投资人才,形成完整高效的财富管理产业链,构建独具特色的私募基金生态圈。

2.打造金融小镇（集聚区）

积极开展金融特色小镇（集聚区）及金融相关小镇［以下简称金融小镇（集聚区）］的申报工作，对重点规划小镇建立特批通道，加快报批流程。大力推广玉皇山南基金小镇服务企业的模式，鼓励以多种方式建设金融小镇（集聚区），探索属地政府与金融机构或国有企业合作创建模式，统筹谋划辖区内金融小镇（集聚区）布局和重大项目安排。充分发挥金融小镇（集聚区）的产业集聚功能，以差异化发展为定位，引进和培育各类私募机构，形成形态多样、各具优势的金融小镇集群。

（三）大力构筑钱江金融大数据创新基地

1.做强金融大数据创新产业

重点依托云栖小镇、滨江科技金融集聚区、望江新金融集聚区、钱江新城、钱塘智慧城、金沙湖商务区等大数据创新基地，引进培育金融云计算平台、数据驱动型金融机构、金融大数据服务企业、互联网金融交易平台、金融区块链技术公司等金融大数据创新企业和平台，建立浙江金融行业云，促进金融大数据创新企业成长并形成行业集群。

2.促进金融与大数据融合发展

鼓励各类大数据服务企业利用云服务平台为金融核心业务提供基于金融云服务平台的信用、认证、接口等公共服务。推动传统金融机构向数据驱动型金融服务企业转型发展。建立金融大数据与信用大数据共建共享机制，支持金融机构加强与水、电、燃气、电信、医疗、交通等领域以及金融大数据企业的数据合作，加快金融产品和服务创新，为财富管理和民生服务提供便利，推进金融服务的多样化、个性化和精准化。

（四）发展钱江新金融众创空间

1.推动新金融众创空间建设

重点建设钱塘智慧城、望江智慧城、滨江科技金融服务中心、海创园科技金融聚集区、西溪谷互联网金融小镇、运河财富小镇、湘湖金融小镇、白马湖创意小镇、金沙湖商务区，以及以梦想小镇和未来科技城为重点的杭州城西科创大走廊等新金融众创空间,大力建设和推广各类新金融众创空间和新型孵化器,将其建成杭州建设全国互联网金融创新中心的重要平台之一,把杭州打造为在国内具有影响力和代表性的互联网金融创新中心。

2.发展各类新金融众创业态

重点培育互联网金融(包括互联网支付、网络借贷、股权众筹、互联网基金销售、互联网保险和互联网消费金融等)、天使投资和创业投资、私募股权投资、数量化和程序化金融、普惠金融、绿色金融等各类新型金融业态的初创企业,培养全球化的高端金融创新人才,探索金融与互联网、创新创业、移动通讯、数据科技、人工智能、生态保护、健康服务等产业融合发展的"金融＋"创新模式。引导民间资本、风险投资、天使投资等各种资本投向各类众创企业。

三、深化重点举措

(一)探索创新建设管理模式

积极引入国际先进的集聚区规划理念、专业化管理模式和市场化发展机制,学习借鉴伦敦金融城自治管理和深圳南山区科技金融服务的成功经验,在金融小镇(集聚区)探索试点"政府＋行业自治主体"的两元管理模式和"产业链＋资本＋人才"的三轮驱动发展机制,促进钱塘江金融港湾创新发展。改革完善地方金融管理体制,逐步理顺地方金融事权,探索对各类金融业态开展综合性金融监管。

(二)推动金融改革先行先试

积极创造条件,争取在人民币跨境使用、跨境支付等方面先行先试。鼓励金融机构通过财富管理优化收入结构和盈利模式,实现经营模式转型升级。支持金融机构资产方价格实行市场化定价。深化跨国公司总部外汇资金集中运营管理试点建设。鼓励发展专业从事境外股权投资的项目公司,支持符合条件的投资者设立境外股权投资母基金。

(三)提升服务实体经济能力

支持金融机构探索区块链等新型技术,开发基于产业链、供应链、区块链等的融资产品。创新开展适合实体经济企业融资特点的新型融资业务。加快推进科技金融专营机构建设,增加科技金融供给主体。支持创投、众筹、创业辅导等机构的发展,为中小微企业提供融资、融智服务。引导并购基金、股权投资基金带领杭州上市公司走出去,推动上市公司拓展国际业务。建设科创股权融资转让平台,搭建创投生态圈。积极鼓励企业利用各类金融要素交易平台发行债券、股票以及权益转让类、资产证券化类等直接融资产品。

(四)优化精简行政审批流程

加快电子政务建设,完善金融项目审批流程,利用电子化手段清晰指引金融机构办事,提高金融政务服务效能。动态调整市、县(市、区)两级权力清单,提高投资项目审批服务水平。探索审批管理体制机制改革,全面推行"五证合一""就近登记""先照后证""集群注册登记"等改革措施。推进项目并联审批工作,精简下放金融审批事项,在有条件的县(市、区)推行办事办证不出金融小镇(集聚区)。

(五)健全金融产业统计体系

顺应财富管理和新金融业态发展趋势,进一步加强钱塘江金融港湾金融产业统计研究,尽快将传统金融业以外的私募金融、新金融、财富管理、金融商务服务、金融职业教育等新兴金融市场主体纳入统计监测范围,不断完善地方金融产业综合统计制度,健全金融产业统计体系。建立金融统计工作网络,明确相关统计数据的提供部门,落实统计责任,为加快打造钱塘江金融港湾提供准确、可靠的决策依据。

(六)构建产业生态配套体系

推动传统金融机构、辅助性机构与资产管理主体机构协同创新,通过产业关联和协同,打造完整高效的财富管理产业链,积极构建产业生态配套体系。充分发挥钱塘江金融港湾区域内优质金融机构、龙头企业、上市公司的空间集聚优势,大力推进金融机构与实体经济企业交流互动,满足各类实体经济企业对金融服务的不同要求。鼓励中小微企业、创投机构与浙江股权交易中心等金融要素交易平台开展对接。支持新金融业态企业开展创新,拓展普惠金融服务的覆盖面。鼓励金融小镇(集聚区)与杭州城西科创大走廊、跨境电商园区及其他产业小镇的协同发展,兼顾和支持地方经济建设。

(七)推进钱塘江金融港湾一体化、国际化建设

发挥杭州作为钱塘江金融港湾主规划区的辐射带动作用,加强与嘉兴、绍兴、宁波、舟山等港湾区域内城市的合作。鼓励在杭金融机构发展总部模式,优化区域网点布局,共建共享金融要素交易平台,推动金融服务一体化发展。加强与香港、纽约、伦敦等国际金融中心城市的交流合作。支持高端金融论坛、国际学术会议在杭举办或永久性落地。吸引境外金融机构入股本土法人金融机构。进一步完善招商扶持激励政策,招引境外优质金融机构落户。鼓励本土金融机构和大企业集团"走出去",推动在杭优质企业拓宽境外融资渠道。

(八)维护金融发展平稳有序

构建部门联动、分级管理的金融安全稳定协调机制,完善企业资金链风险预警和防范机制以及金融应急处置机制。推动金融仲裁、金融法律服务专业化发展,加强对金融消费者和金融机构合法权益的保护。加大金融案件执法力度,提高金融案件审判执行效率,严厉打击金融欺诈、逃废债务、非法集资等行为。探索建立金融风险监测预警、新金融监管等系统,强化对新金融、混业金融等领域的风险防控预警。加强市场准入管理,强化风险监测、评估,建立"黑名单"制度,促进金融服务和新金融业务规范有序发展。

四、强化要素保障

(一)引入多元化发展资金

加强金融政策与产业政策、财政政策的衔接配合,强化政策保障和专业化服务,加快推进民间资本向金融要素资源的转变。重点发挥政府产业基金作用,鼓励社会资本参与设立产业引导股权投资基金,调动各类资源支持钱塘江金融港湾建设。设立钱塘江金融港湾发展基金,为钱塘江金融港湾建设增添动力。

(二)加大财政扶持力度

市级财政每年安排专项资金,用于支持钱塘江金融港湾和金融小镇(集聚区)建设、引进金融机构和人才并对其所做贡献进行奖励等。各地政府(管委会)也要落实专项资金支持钱塘江金融港湾建设。对钱江财富管理核心区和已启动建设、但尚未获批省级特色小镇的金融小镇(集聚区),经市级相关部门认定,可享受省级特色小镇的相关政策。对各类孵化平台,属地政府可采取财政补助、贷款贴息、税收扶持等多种方式给予支持。对在各金融要素交易平台挂牌交易的企业,属地政府可给予企业适当奖励。

(三)保障金融用地供给

各地政府(管委会)要制定符合钱塘江金融港湾建设总体规划和产业发展需要的金融用地方案,将金融小镇(集聚区)建设用地纳入城镇建设用地扩展范围;完善金融产业用地管理机制,对节约集约利用土地效果明显、亩产效益高的地方,探索建立存量土地盘活、土地产出效益等节约集约用地指标和计划指标分配挂钩制度;每年制订年度土地供应计划,安排一定比例的计划用地用于区域内金融小镇(集聚区)、众创空间、金融机构建设,优先支持龙头型、有较大行业和区域影响力的金融机构总部、金融服务及财富机构、金融要素交易平台、金融大数据基地和大企业建设。推进金融用地差别化供应,降低初始用地成本。

（四）强化金融人才支撑机制

充分利用省、市出台的"国际人才板""千人计划""万人计划""杭州市人才新政 27 条"等人才激励政策，推进实施钱塘江金融港湾人才计划，加大对金融人才和团队的扶持力度，对高端人才引进做到"一事一议"。积极组织各类金融人才申报国家和省级各类人才计划。简化外籍高层次人才居留证件、人才签证和外国专家证等的办理程序，并做好签证服务。鼓励国内外知名人力资源服务机构在我市建立分支机构。加强人才交流，建立在杭金融管理部门、地方金融办、金融机构等单位间干部交叉挂职任职机制。积极引进和设立金融研究院（所）、专业金融培训研发机构等，支持在杭高等院校和专业培训机构完善和增设相关金融专业，开展各种基础性人才培养和专门化业务培训。鼓励创办民办和中外合作教育培训机构，加强学历后的金融培训教育。鼓励金融机构在我市设立全国性的人才培训基地以及金融领域博士后流动站、工作站和创新实践基地等。

（五）完善商务环境配套

科学规划金融集聚空间，制定高等级的环境规划，建设疏密有度、配套设施完善的现代化商务楼宇或园林式办公楼组团，规划设置数量充足、商务氛围浓厚的各类公共交流空间，提升钱塘江金融港湾内商务楼宇的整体形象和定位。大力开展宽带信息网络、数据交换中心和应用服务系统建设，为金融小镇（集聚区）内的各类机构提供超高速光纤宽带接入，提供"双工"和专线服务，争取实现区域无线网络全覆盖，满足现代金融企业高速交易和高频信息服务的需求。加快综合交通基础设施建设，优化钱塘江金融港湾核心区和金融小镇（集聚区）公共交通线路。在金融小镇（集聚区）内，规划设立或预留轻轨（地铁）和水上巴士航线站点，站点的主要功能为连接钱塘江金融港湾核心区和沿江金融小镇（集聚区），兼具商务和观光功能。完善国际航空路线规划，增设通用机场项目，构建立体化的便捷交通网络。

(六)优化生活生态保障

积极引进国内外名校或知名教育机构来杭合作办学,加强国际交流与合作,加大国际学校建设力度。按照与金融人才工作或居住地相对就近的原则,由市、县(市、区)教育局统筹安排符合市高层次人才认定标准的金融人才子女入学入托。规划设立方便金融机构人员就诊的医疗中心、保健中心以及国际医疗中心,支持和引导医疗机构积极创造条件与国内外保险公司合作,加入国际医疗保险直付网络系统。根据各区域实际情况,在金融小镇(集聚区)周边规划建设配套的高端住宅、精品公寓项目,以满足金融人才阶段性居住需求。加强钱塘江金融港湾区域内文化体育、生活休闲等配套设施,进一步提升钱塘江金融港湾的环境品质。落实防洪减灾、水资源保护与水生态修复等工程措施,加大对钱塘江流域航道治理、水源涵养、水土保持、污染治理等工作力度,构建绿色生态廊道。

五、加强组织实施

(一)加强组织领导

进一步发挥市推进钱塘江金融港湾规划建设工作领导小组作用,统筹协调和推进钱塘江金融港湾建设工作。组建专家咨询委员会,为钱塘江金融港湾建设建言献策。相关县(市、区)政府要高度重视,成立相应的工作组织机构,配备金融专职领导,建立健全工作机制,负责本地区各项工作措施的贯彻落实。

(二)增强工作力量

充实全市金融办系统工作力量,积极适应中央与地方金融监管体制改革以及加强地方金融管理的需要。进一步配齐配强市金融办力量,根据需要调整完善市金融办内部机构设置。优化完善规划区域内县(市、区)金融办设置,落实金融工作职责,配备懂金融业务的干部,切实承担钱塘江金融港湾建设工作任务。

（三）强化宣传推介

围绕钱塘江金融港湾建设，通过公益广告、视频宣传短片、项目推介会、论坛峰会等形式，加强对钱塘江金融港湾的宣传，提高其知名度与影响力，努力将钱塘江金融港湾打造成为享誉国内、在国际上有一定知名度的著名金融品牌。

（四）加大督查力度

完善钱塘江金融港湾建设综合分析体系，加强对金融运行情况的分析研判。建立督查制度，由市推进钱塘江金融港湾规划建设工作领导小组办公室围绕工作目标对各成员单位工作推进情况进行定期督查和年终检查。

本意见自 2017 年 7 月 16 日起施行，由市金融办负责牵头组织实施。市级有关单位要根据本意见要求，按照各自职责和重点任务分工，及时出台相关配套措施；各县（市、区）政府（管委会）要结合实际，制定具体实施办法。

关于印发《2017年度对在杭银行机构支持我市经济社会发展评价办法》的函

杭金融办函〔2017〕21号

在杭相关银行机构：

《2017年度对在杭银行机构支持我市经济社会发展评价办法》已经市政府同意，现印发给你们，请你们结合各自实际，积极参与支持杭州市经济社会发展。

特此致函。

附件：《2017年度对在杭银行机构支持我市经济社会发展评价办法》

杭州市金融办

2017年6月30日

附件

2017 年度对在杭银行机构支持我市经济社会发展评价办法

为鼓励在杭各银行机构提升对我市经济社会发展的积极性,进一步加大支持力度,充分释放"后峰会、前亚运"效应,围绕加快建设独特韵味别样精彩世界名城提供扎实有力的金融保障,结合我市实际,特制定本办法。

一、评价激励范围

评价激励对象为在杭中资商业银行,包括政策性银行、国有及全国性股份制商业银行、邮政储蓄银行、城市商业银行、杭州联合银行、浙江网商银行等。其中,银行设有市级机构的,评价激励市级分行或营业部;其他则评价激励省级及以上银行机构。

二、评价内容

(1)全年各银行机构贷款投放情况;
(2)全年各银行机构对我市重点项目贷款支持情况;
(3)全年各银行机构对我市小微企业贷款支持情况;
(4)全年各银行机构对我市普惠金融支持情况;
(5)全年各银行机构对市政府重点工作支持情况。

三、评价办法

按百分制对在杭中资商业银行进行评分。

总评分计算公式:总评分 = 贷款投放评分 × 17% + 重点项目贷款支持评分 × 18% + 小微企业贷款支持评分 × 27% + 普惠金融支持评分 × 18% + 市政府重点工作支持评分 × 20%。

(一)新增贷款投放评分

贷款投放指各内资银行机构全年对我市新增贷款投放情况,从增量和增幅两个方面进行评价。

计算公式为:贷款投放评分 = 全年贷款增量评分×80% + 全年新增贷款同比增幅评分×20%。

其中,全年贷款增量评分 = 银行机构全年贷款增量÷银行机构中全年最高贷款增量×100;全年新增贷款同比增幅评分 = 银行机构全年新增贷款同比增幅÷银行机构中全年新增贷款最大同比增幅×100。

(二)重点项目贷款支持评分

重点项目贷款支持指各内资银行机构全年对我市政府投资项目以及重点项目贷款投放情况,从增量及重点突出的棚户区(城中村)改造支持方面进行评价。

计算公式为:重点项目贷款支持评分 = 重点项目贷款增量×90% + 棚户区(城中村)改造支持×10%。

其中,重点项目贷款增量评分 = 银行机构全年重点项目贷款增量÷银行机构中全年重点项目最大贷款增量×100;棚户区(城中村)改造支持评分 = 银行机构全年棚户区(城中村)改造贷款额÷银行机构中全年棚户区(城中村)改造贷款额×100。

(三)小微企业贷款支持评分

小微企业贷款支持指各银行机构全年对我市小微企业新增贷款投放情况,从定性和定量两个方面进行评价。包括:银行机构全年小微企业贷款情况、"两转"企业支持情况、政府采购信用融资支持中小企业供应商情况、银行机构小微企业(含科技信贷)专营机构设立情况、银行机构小额贷款保证保险开展情况。

计算公式为:小微企业贷款支持评分 = 全年小微企业贷款情况评分×50% + "两转"企业支持情况×20% + 政府采购信用融资支持中小企业供应商

情况评分×10％＋小微(科技)专营机构设立情况评分×10％＋小额贷款保证保险开展情况评分×10％。

(1)全年小微企业贷款情况评分＝全年小微企业贷款增量评分×50％＋全年小微企业贷款同比增幅评分×20％＋全年小微企业贷款户数评分×15％＋全年小微企业申请贷款通过率评分×15％。

其中,全年小微企业贷款增量评分＝银行机构全年小微企业贷款增量÷银行机构中全年最大小微企业贷款增量×100;全年小微企业贷款同比增幅评分＝银行机构全年小微企业贷款余额同比增幅÷银行机构中全年小微企业贷款余额同比最大增幅×100;全年小微企业贷款户数评分＝银行机构全年小微贷款户数÷银行机构中全年小微企业贷款最大户数×100;全年小微企业申请贷款通过率评分＝银行机构全年小微企业贷款通过率×100。

(2)"两转"企业支持情况评分＝全年"两转"企业贷款增量评分×70％＋"两转"企业户数评分×30％。

其中,全年"两转"企业贷款增量评分＝银行机构全年"两转"企业贷款增量÷银行机构全年最大"两转"企业贷款增量×100;"两转"企业户数评分＝银行机构全年"两转"企业户数增量÷银行机构全年最大"两转"企业户数增量×100。

(3)当年在杭设立小微企业(含科技信贷)专营机构的银行机构,设立1家小微企业(含科技信贷)专营机构设立情况评分30分,设立2家评分60分,设立3家及以上的评分100分。

(4)小额贷款保证保险业务开展支持情况的评分＝(银行机构小额贷款保证保险业务金额÷银行机构中全年最大小额贷款保证保险业务金额)×70＋(银行机构小额贷款保证保险业务家数÷银行机构中全年最大小额贷款保证保险业务家数)×30。

(5)政府采购信用融资支持中小企业供应商情况评分＝银行机构全年政府采购信用融资支持中小企业供应商贷款增量÷银行机构全年政府采购信用融资支持中小企业供应商贷款最大增量×100。

(四)普惠金融支持评分

普惠金融支持指各内资银行机构全年对我市县域金融支持情况,包括新增"涉农"贷款投放情况、设立县域金融分支机构情况、参与"联乡结村"活动情况。

计算公式为:普惠金融支持评分="涉农"贷款支持评分×50%+设立县域金融分支机构情况评分×30%+参与"联乡结村"情况评分×20%。

(1)"涉农"信贷支持评分=年末"涉农"贷款余额评分×70%+年末"涉农"贷款同比增幅评分×30%。

其中,年末"涉农"贷款余额评分=银行机构年末"涉农"贷款余额÷银行机构中年末最大"涉农"贷款余额×100;年末"涉农"贷款同比增幅评分=银行机构年末"涉农"贷款余额同比增幅÷银行机构中年末"涉农"贷款余额同比最大增幅×100。

(2)当年在全市县域新设立支行的银行机构,设立 1 家评分 30 分,设立 2 家评分 60 分,设立 3 家及以上的评分 100 分。

(3)参与我市"联乡结村"活动并出资的银行机构,评分 100 分。

(五)市政府重点工作支持评分

市政府重点工作支持指各内资银行机构全年对我市重点工作支持情况,从定性和定量两个方面进行评价。市政府重点工作支持内容主要包括:实体经济发展支持情况、金融创新项目支持情况、不良贷款防控支持情况、企业解困配合支持情况等。

计算公式为:市政府重点工作支持评分=实体经济发展支持情况评分×50%+金融创新项目支持情况评分×45%+不良贷款防控情况评分×5%+企业解困配合支持情况评分(±5 分)。

(1)实体经济发展支持情况包括:产业集聚区建设支持情况、浙商创业创新企业支持情况、绿色信贷支持情况、养老服务产业支持、体育产业支持、新型建筑工业化支持。

计算公式为:实体经济发展支持情况评分=产业集聚区建设支持情况评

分×20％＋浙商创业创新企业支持情况评分×20％＋绿色信贷支持情况评分×30％＋养老服务产业支持评分×10％＋体育产业支持评分×10％＋新型建筑工业化支持评分×10％。

①向产业集聚区建设项目发放贷款的银行机构,产业集聚区建设支持情况评分100分(贷款支持项目应为政府投资建设的基础设施项目,且贷款金额为1000万及以上)。

②浙商创业创新企业支持情况按百分制评分。

③绿色信贷支持情况评分＝产能严重过剩贷款评分×20％＋"两高一剩"行业贷款评分×20％＋节能环保产业贷款评分×60％。

其中:产能严重过剩贷款评分＝(1－银行机构年末产能严重过剩行业贷款余额÷全部参评银行机构年末产能严重过剩行业贷款之和)×100;"两高一剩"行业贷款评分＝(1－银行机构年末"两高一剩"行业贷款余额÷全部参评银行机构年末"两高一剩"行业贷款余额之和)×100;节能环保产业贷款评分＝银行机构全年节能环保产业贷款额÷银行机构中全年最大节能环保产业贷款额×100。

④养老服务产业支持评分＝银行机构对养老服务机构贷款额÷银行机构中全年最大对养老服务机构贷款额×100。

⑤体育产业支持评分＝银行机构对体育产业企业贷款额÷银行机构中全年最大对体育产业企业贷款额×100。

⑥新型建筑工业化支持评分＝银行机构对新型建筑工业化企业贷款额÷银行机构中全年最大对新型建筑工业化企业贷款额×100。

(2)金融创新项目支持情况包括:直接债务融资支持情况、小额贷款公司试点支持情况、跨境金融服务支持、转贷引导基金支持情况、创业担保贷款支持情况、大学生创业融资投放支持情况。

计算公式为:金融创新项目支持情况评分＝直接债务融资支持情况评分×25％＋小额贷款公司试点支持情况评分×20％＋跨境金融服务×25％＋转贷引导基金支持情况评分×10％＋创业担保贷款支持情况评分×10％＋大学生创业融资投放支持情况评分×10％。

①直接债务融资支持情况评分＝各类直接债务融资涉及企业数评分×60％＋各类直接债务融资总额评分×40％。

其中,各类直接债务融资涉及企业数评分＝银行机构承销发行中小企业区域集优债(集合票据)、中小企业集合债、中小企业私募债、短期融资券、中期票据业务涉及企业数÷银行机构中承销发行中小企业区域集优债(集合票据)、中小企业集合债、中小企业私募债、短期融资券、中期票据业务涉及最大企业数×100;各类直接债务融资总额评分＝银行机构承销发行中小企业区域集优债(集合票据)、中小企业集合债、中小企业私募债、短期融资券、中期票据融资总额÷银行机构中承销发行中小企业区域集优债(集合票据)、中小企业集合债、中小企业私募债、短期融资券、中期票据最大融资总额×100。

②小额贷款公司试点支持情况评分＝银行机构向各小额贷款公司发放贷款的年日均余额÷银行机构中向各小额贷款公司发放贷款最大年日均余额×100。

③跨境金融服务评分＝人民币跨境贸易结算支持情况评分×40％＋电子商务金融支持评分×60％。

其中,人民币跨境贸易结算支持情况评分＝银行机构从事人民币跨境贸易结算金额÷银行机构中从事人民币跨境贸易结算最大金额×100;电子商务金融支持评分＝银行机构对跨境电子商务企业贷款额÷银行机构中全年对跨境电子商务企业最大贷款额×100。

④转贷引导基金支持情况评分＝银行机构通过转贷引导基金支持企业数评分×50％＋银行机构通过转贷引导基金支持贷款额评分×50％。

其中,银行机构通过转贷引导基金支持企业数评分＝银行机构通过转贷引导基金支持企业数÷银行机构通过转贷引导基金支持最大企业数×100;银行机构通过转贷引导基金支持贷款额评分＝银行机构通过转贷引导基金支持贷款额÷银行机构通过转贷引导基金支持最大贷款额×100。

⑤创业担保贷款支持情况评分＝银行机构年末创业担保贷款日均发放余额÷银行机构中年末创业担保贷款最大日均发放余额×100。

⑥大学生创业融资投放支持情况评分＝银行机构发放大学生创业贷款金额÷银行机构中发放大学生创业贷款最大金额×100。

（3）不良贷款防控情况评分＝所有银行机构年末最低不良贷款率÷银行机构年末不良贷款率×100。

（4）企业解困配合支持情况指银行机构在帮助信贷资金周转困难企业解困和处置企业债务风险中配合政府协调处置工作的支持情况，不配合并造成较大社会影响的，最高可扣减该分项得分中的 5 分，以扣减到 0 分为限；对支持解困工作的，给予加分，最高不超过该分项得分的 5 分。

各年度的具体评价指标和权重，由市金融办会同有关部门根据在杭银行机构支持我市经济发展的工作实际确定后报市政府批准。

四、评价实施

（1）由市金融办牵头，市财政局、发改委、经信委、经合办、人力社保局、民政局、体育局、建委、商务委、综试办、大江东产业集聚区管委会、城西科创产业集聚区管委会、团市委（大创联盟）等市级单位及部门，人民银行杭州中心支行、浙江银监局、浙江保监局等金融管理部门共同开展评价工作，并报市政府审定。

（2）所有指标数据统计范围均为杭州市行政区域。人民银行杭州中心支行汇总提供贷款投放、"涉农"贷款支持情况、直接债务融资支持情况、人民币跨境贸易结算支持情况有关指标数据；浙江银监局汇总提供小微企业贷款情况、"两转"企业贷款支持情况、小微/科技专营机构设立情况、设立县域金融分支机构情况、"绿色信贷"支持情况、不良贷款防控支持情况有关指标数据；浙江保监局汇总提供小额贷款保证保险开展情况有关数据；市财政局提供政府采购中小企业供应商相关情况；市发改委汇总提供重点项目相关情况指标数据；市经信委、商务委提供转贷引导基金支持情况有关指标数据；市经合办汇总提供浙商创业创新企业支持情况有关指标数据；市人力社保局汇总提供创业担保贷款支持情况有关指标数据；市民政局汇总提供养老服务产业支持情况有关指标数据；市体育局汇总提供体育产业支持情况有关指标数据；市建委汇总提供新型建筑工业化企业支持情况、棚户区（城中村）改造支持情况有关指标数据；市综试办汇总提供跨境电子商务支持情况有关指标数据；大江东产业集聚区管委会、城西科创产业集聚区管委会汇总提供产业集聚区支持情况有关指标数据；团市委（大创联盟）汇总提供大学生创业融资投放支持情况有关指标数据；市金融办汇总提供参与"联乡结村"活动情况、小额贷款公司支持情况有关指标数据，以企业解困配合支持不力情况等。

（3）"涉农"贷款口径按照人行杭州中心支行、浙江银监局转发《中国人民银行、中国银行业监督管理委员会关于建立〈涉农贷款专项统计制度〉的通知》（杭银发〔2007〕187 号）规定执行，小微企业贷款口径按照人行杭州中心支行、浙江银监局转发《中国人民银行、中国银行业监督管理委员会关于建立〈境内大中小型企业贷款专项统计制度〉的通知》（杭银发〔2009〕46 号）规定执行。服务业贷款口径以第三产业贷款指标数据为主要依据。

（4）银行机构实际指标数据为负数的，评分项计为 0 分。因当年新设立而无法计算同比增幅的，评分项计为 0 分。

五、激励原则及办法

根据评分情况，按排名将各银行机构划分等次，原则上第一等次 8 家，第二等次 12 家，第三等次 15 家，并以市政府名义进行发文通报。

关于印发《2017 年度对在杭保险机构支持我市经济社会发展评价办法》的函

杭金融办函〔2017〕37 号

在杭相关保险机构：

《2017 年度对在杭保险机构支持我市经济社会发展评价办法》已经市政府同意，现印发给你们，请你们结合各自实际，积极参与支持杭州市经济社会发展。

特此致函。

附件：《2017 年度对在杭保险机构支持我市经济社会发展评价办法》

杭州市金融办

2017 年 11 月 14 日

附件

2017 年度对在杭保险机构支持我市经济社会发展评价办法

为鼓励各在杭内资保险机构进一步加大创新力度,在城市国际化、养老改革、小微三农服务、生态文明建设、教育卫生事业、社会安全等方面提供扎实有力的保险产品服务保障,围绕助推我市建设"两区""一湾""两中心"的目标,促进我市实体经济转型升级、民生保障体系完善和社会治理水平提升,特制定本办法。

一、评价范围

评价对象为在杭设立满 1 年的市级内资保险机构,其中若设有市级层面机构的,以市分公司、中心支公司或营业部为评价对象;其余的则以省分公司或总公司为评价对象。评价指标涉及的数据全部以杭州市为统计口径。

二、评价内容

评价内容分为基础贡献类、服务实体经济类、服务民生类、服务三农类、社会治理类、保险资金运用类和加减分项目类共七大类,每一类再细分如下:

(1)基础贡献类包括各保险机构全年保费收入情况和赔付支出情况;

(2)服务实体经济类包括各保险机构全年小额贷款保证保险、出口信用保险和专利保险开展情况;

(3)服务民生类包括为我市养老服务业和健康服务业提供风险保障和服务管理的养老保险(责任险和意外伤害险)和健康保险开展情况;

(4)服务三农类包括各保险机构全年农业险以及农房险、农机险、家庭农场综合险等其他涉农险的开展情况;

(5)社会治理类包括各保险机构全年环境污染责任险、食品安全责任险、电梯安全责任险、安全生产责任险、校园安全责任险、医疗责任险、火灾公众责

任险、平安综治责任险、公共交通意外伤害险和自然灾害险开展情况;

(6)保险资金运用类是指各保险机构全年引入保险资金支持经济社会发展情况;

(7)加减分项目类包括政保合作类的产品服务创新、机构招引、重大赔付、慈善捐款、材料报送积极性、对重大会议活动的服务保障和监管部门处罚等方面情况。

三、评价办法

对综合经营的财产险机构、综合经营的人身险机构以及专业保险机构(主业占比超过 50% 的保险机构,下同)采用统一评分、分开排名的方式评价(其中将专业保险机构分别按同类专营业务排名),按百分制对在杭内资保险机构进行评分。评价结束后,在同类排名的综合经营保险机构中(财产险和人身险分开),按分数由高到低取前 10 名,分别评选出一等次 2 家、二等次 3 家和三等次 5 家;在全部专业保险机构中,按分数及各方面综合贡献情况,评出专业先进奖 3 家。

总评分计算公式:总评分＝基础贡献类评分×10%＋服务实体经济类评分×15%＋服务民生类评分×15%＋服务三农类评分×15%＋社会治理类评分×20%＋保险资金运用类评分×15%＋加减分项目类×10%。

分项评分表如下:

大类指标 (权重)	小类指标 (权重)	具体规定	细化指标 (权重)
基础贡献类(10%)	保费收入(50%)	全年在我市开展各项保险业务所获得的保费收入合计。 (1)增量的比较评分:保险机构全年保费收入与去年同期持平得 60 分,每增加 1000 万元(不足 1000 万元按比例折算,下同),加 2 分,加满为止;每减少 1000 万元,扣 2 分,扣完为止。(2)增速的比较评分:保险机构全年保费收入同比增速与去年同期持平得 60 分,每增加 1 个百分点(不足 1 个百分点按比例折算,下同),加 5 分,加满为止;每减少 1 个百分点,扣 5 分,扣完为止	增量(60%) 增速(40%)

续表

大类指标 （权重）	小类指标 （权重）	具体规定	细化指标 （权重）
基础贡献 类（10%）	赔付支出（50%）	全年在我市开展各项保险业务所做出的赔偿支付合计。 （1）增量的比较评分：保险机构全年赔付支出与去年同期持平得 60 分，每增加 500 万元（不足 500 万元按比例折算，下同），加 2 分，加满为止；每减少 500 万元，扣 2 分，扣完为止。（2）增速的比较评分：保险机构全年赔付支出同比增速与去年同期持平得 60 分，每增加 1 个百分点（不足 1 个百分点按比例折算，下同），加 5 分，加满为止；每减少 1 个百分点扣 5 分，扣完为止	增量（60%） 增速（40%）
服务实体 经济类 （15%）	小额贷款保证保险（35%）	为申请小额贷款的企业或个人进行保证	保额（60%） 业务对象数（40%）
	出口信用保险（35%）	承保出口商在经营出口业务时因进口商风险或进口商所在国家风险而遭受的损失	保额（50%） 赔付支出（50%）
	专利保险（30%）	以授权专利为保障标的	保额（50%） 赔付支出（50%）
服务民生 类（15%）	养老服务业类（50%）	包括养老服务机构综合责任险、残疾人托养服务机构综合责任险、老年人意外伤害险和残疾人意外伤害险	保额（50%） 赔付支出（50%）
	健康服务业类（50%） 大病险（50%）	为城镇居民医保、新农合参保人因患大病发生高额医疗费用给予保障的城乡居民大病保险	承保人数（50%） 赔付支出（50%）
	其他健康险（50%）	包括长期护理保险和失能保险	保额（50%） 赔付支出（50%）

大类指标 （权重）	小类指标 （权重）		具体规定	细化指标 （权重）
服务三农 类（15%）	农业险（70%）		包括共保体和地方特色险种	保额（50%）
				赔付支出 （50%）
	其他涉农险（30%）		包括农房险、农机险和家庭农场综合险	保额（50%）
				赔付支出 （50%）
社会治理 类（20%）	责任险（50%）		包括环境污染责任险、食品安全责任险、电梯安全责任险、安全生产责任险、校园安全责任险、医疗责任险、火灾公众责任险、平安综治责任险和公共交通意外伤害险	保额（50%）
				赔付支出 （50%）
	自然灾害险 （50%）	自然灾害人身意外伤害险 （50%）	以因发生自然灾害而造成的巨大财产损失和严重人员伤亡的风险为保障标的的人身意外伤害险	保额（50%）
				赔付支出 （50%）
		自然灾害公众责任险（50%）	以因发生自然灾害而造成的巨大财产损失和严重人员伤亡的风险为保障标的的公众责任险	保额（50%）
				赔付支出 （50%）
保险资金 运用类 （15%）	引入保险资金情况		保险机构每引入1亿元保险资金并落地于我市经济社会发展的，加10分，满分为100分，其中不足1亿元的以及超过1亿元的按比例算分。 1. 投资形式包括固定资产投资、债权投资、股权投资等； 2. 上述能加分的保险资金包括该保险机构本身、上级公司和下级公司等有关联的主体所投入我市的保险资金，若资金投入主体涉及人身险和财产险两类，则作为评价对象的人身险机构和财产险机构均分所投金额	

续表

大类指标 （权重）	小类指标 （权重）	具体规定	细化指标 （权重）
加减分项目类 （10%）	政保合作类产品服务创新	保险机构每研发或推广一个创新产品或一项创新服务或一种试点业务的，加 20 分；有重大创新的（例如成为我市政策性特色农业险种中标机构），加 30 分	
	机构招引	保险机构将同一系统内的其他机构引入杭州的，每落户一家机构加 20 分	
	重大赔付	在一次重特大灾害中，保险机构赔付金额累计超过 1000 万元及以上或获市政府表彰的，一次加 20 分，不足 1000 万元的按比例算分	
	慈善捐款	保险机构有 50 万元及以上慈善捐款行为的，每一次加 20 分，不足 50 万元的按比例算分	
	材料报送积极性	按材料报送的配合度和及时性取前 5 名，依次加 10 分、8 分、6 分、4 分、2 分	
	对重大会议活动的服务保障	对我市重大会议、活动做出服务保障的，按会议（活动）次数计算，每有一次加 20 分；有特别突出贡献的加 30 分	
	监管部门处罚	保险机构收到监管函或监管谈话通知书的，每发生一例扣 20 分；因违规受到监管部门行政处罚的，每发生一例扣 30 分	

备注：①除"基础贡献类"中的"保费收入"和"赔付支出"指标外，其他指标的得分都来自指标的横向比较。

②指标的横向比较是指各保险机构的该指标数值最大的得 100 分，其他保险机构的该指标数值与指标最大数值的比值再乘以 100 所得即为该机构该指标得分。

③"加减分项目类"中除"监管部门处罚"指标外，其余 6 项小类指标的分值总和最高不得超过 100 分。

四、评价实施

由市金融办牵头，组织协调浙江保监局、浙江银监局和市级相关部门共同开展评价工作，并报市政府审定。

（1）市金融办做好牵头工作，负责评价指标数据的汇总、核实，评价分数的计算，评价结果的发布和先进保险机构的通报工作；

（2）浙江保监局负责向市金融办提供评价指标所涉及的数据和当年受到监管处罚的保险机构名单，如不是保监局直接掌握的数据，需要各保险机构根据自身实际情况如实报送到保监局，经保监局提供给我办后，再由我办向相关市级部门核实；

（3）各保险机构根据自身实际情况如实报送关于当年引入保险资金的项目、政保合作类的产品服务创新、机构招引、重大赔付、慈善捐款、对重大会议活动的服务保障等方面的印证材料；

（4）相关市级部门根据各自领域内保险业务开展情况，负责核实校对市金融办发来的有关数据。

五、评价结果运用

（一）发文通报

根据评价得分排名，对综合经营的财产险机构和综合经营的人身险机构中获得一、二、三等次的机构以及专业保险机构中获得专业先进奖的机构，以市政府名义进行发文通报。

（二）政保合作项目招标

评价结果将作为市级重点项目引入保险资金招标、政保合作项目招标等方面的重要依据，可以作为招标评分的一项，也可以同等条件下优先考虑评价排名先进的保险机构。

中国人民银行杭州中心支行关于推广
实施"智慧支付工程"的指导意见

杭银发〔2017〕71 号

人民银行各市中心支行、杭州市辖各县（市、区）支行，各国有商业银行浙江省分行、营业部，浙商银行，浙江省农村信用社联合社，交通银行浙江省分行，各股份制商业银行杭州分行，邮政储蓄银行浙江省分行、杭州市分行，杭州银行，浙江网商银行，各城市商业银行杭州分行，杭州联合银行，各外资银行杭州分行，中国银联浙江分公司，在杭各网络、收单非银行支付机构：

为进一步支持我省经济社会发展，改善城乡支付服务环境，助推智慧城市建设，在总结部分市试点经验基础上，决定在全省推广实施"智慧支付工程"，现提出以下指导意见。

一、总体要求

（一）指导思想

坚持"创新、协调、绿色、开放、共享"发展理念，结合各级政府关于推进智慧城市建设的指导意见和行动计划，充分运用云计算、大数据、移动互联网等技术支撑，通过基础设施和管理模式创新，大力推动电子支付、银行卡等在商务、交通、医疗、旅游、学校、菜场等民生领域的应用，合法高效开展数据分析，全面提升支付服务智能化、现代化水平，配合政府产业升级，有力支持我省智慧城市建设和普惠金融发展，改善社会民生。

（二）基本原则

1.统筹部署，分步实施

在全省范围内统筹谋划"智慧支付工程"实施步骤，按照"先试点，再推广"的原则，在总结部分地市试点经验的基础上，逐步扩大推广范围，最终实现"智慧支付"在民生领域的广泛应用和全省所有地区的全面覆盖。

2.服务经济，惠及民生

把以人为本、服务经济作为开展"智慧支付工程"建设的出发点和落脚点。通过实施"智慧支付工程"，着力改善民生领域的支付服务质量，营造便捷、安全的支付服务环境，有力支持我省智慧城市建设，促进经济社会发展。

3.行政推动，广泛参与

建立政府、人民银行、银行机构、支付机构、银联分公司、社会公众广泛参与的工作机制，充分发挥政府在顶层设计、组织协调、财政支持等方面的统筹和引导作用，以及银行机构、支付机构在支付服务环境建设方面的主力军作用，提升广大社会公众参与的积极性。

4.实事求是，因势利导

充分考虑各地之间、城乡之间、不同行业和领域之间差异，结合受众群体和支付需求特性，实事求是，有序推进电子支付、银行卡等各类非现金支付工具普及应用。视情设立"监管沙箱"，支持符合条件的创新业务在适当范围内先行先试。

（三）工作目标

通过3～4年的努力，实现电子支付、银行卡等在商务、交通、医疗、旅游、学校、菜场等民生领域的广泛应用，全省支付便利化和现代化水平显著提升，社会公众非现金支付习惯基本形成，城乡支付服务环境差距大幅缩小。具体目标如下：

2017—2018年:稳步推进有条件的地区全面实施"智慧支付工程"。其他地区结合实际，因地制宜推进电子支付、银行卡等在部分民生领域的应用。力争2018年底，嘉兴、衢州等试点地区基本实现工程建设目标，"智慧支付工程"

覆盖全省 50％的地级市。

2019—2020 年：组织在全省深化实施"智慧支付工程"。力争 2020 年底，基本实现电子支付、银行卡等在全省商务、交通、医疗、旅游、学校、菜场等民生领域的广泛应用，"智慧支付工程"覆盖全省所有地级市。

二、工作重点

(一)"智慧支付＋"电子商务

通过向纳入电子商务主管部门名录的电商创业园、电子商务产业基地、跨境产业园、众创空间等区域内的单位和个人推广应用电子支付业务，支持电商产业发展平台建设。推动各类商品交易市场、商贸城内的经营户开通网上支付、手机支付等电子支付业务，引导其将实体交易和网上交易相结合，在电子支付的支持下开拓网络销售渠道。支持银行机构和非银行支付机构开展有针对性创新，积极为网络零售、在线批发、跨境电商等提供更加便利的支付服务。

(二)"智慧支付＋"生活应用

推进电子支付、银行卡等在票务代购、考务费用、话费充值、水电燃气费缴纳等公共缴费领域的应用。结合食品溯源体系建设，大力推进"智慧菜场"建设，发挥新型电子支付工具便捷、高效的优势，实现农贸市场交易过程中称量自动记录及消费者快捷付费。推动电子支付、银行卡等在早餐点、便利店等便民领域的应用，为社会公众提供便捷的购买体验。

(三)"智慧支付＋"便捷交通

推进电子支付、银行卡等在高速、公交、地铁等公共交通领域的广泛应用，实现公共交通领域乘车、过路的快速支付。逐步在出租车、公共自行车、公共租赁汽车、公共停车场等共享经济领域推广使用电子支付、银行卡等快捷支付方式，实现指间完成费用缴纳，提高客户出行支付体验度。

(四)"智慧支付十"健康医疗

推进电子支付、银行卡等在医院门诊、住院等缴费窗口的应用,逐步实现卫生领域的便捷高效支付。通过整合社保卡、就诊卡和银行卡等功能,实现"在线挂号""诊间结算"等一条龙服务,避免患者在就医过程中反复排队,提高就医效率。引导银行机构、非银行支付机构积极参与互联网医疗业务,建立多层次、多角度的支付服务体系,提升患者支付体验度,为社会公众就医提供便利。

(五)"智慧支付十"旅游服务

支持开通线上购票与线下刷卡(手机)相互补充的购票机制,实现游客持电子联票或电子支付、银行卡等快速通过闸机进入景区,打造便利的旅游支付环境。推动农家乐、民宿等休闲场所受理电子支付、银行卡等非现金支付工具。支持在重点景区推广使用电商结算平台,实现资金汇划全渠道、业务处理全自动、统计信息全智能的现代结算方式。

(六)"智慧支付十"政务服务

通过在行政服务、罚款缴纳等收费窗口布放受理终端,受理电子支付、银行卡等非现金支付工具,缓解窗口排队、现金找零等问题,实现政务领域的便捷高效支付。依托"浙江省政务服务网"以及各地政府服务网站,将线上支付功能嵌入当地政务服务及相关非税收入缴纳平台,实现电子支付方式对政务服务收费的结算支撑,提高行政服务水平。

(七)"智慧支付十"教育事业

通过开发建设校园智能缴费平台,实现学生家长通过电子支付方式缴纳学费、住宿费等费用,提高学校管理学生学籍事务的效率。逐步推动电子支付、银行卡等在校园的应用,将校园饭卡、图书借阅卡、寝室门禁卡等集合为一张卡,实现校园一卡通。通过在图书馆等场所布放受理终端,实现学生凭电子支付、银行卡等办理书刊借阅押金缴纳等功能。

(八)"智慧支付十"现代农业

通过深入开展"刷卡无障碍示范县、镇、区"和"电子支付应用示范县(市、区)、镇、村"等创建活动,整体改善农村地区支付服务环境。深化村级电子商务服务点与银行卡助农服务点的合作共建,丰富在线支付手段,使更多农民享受到便利的基础金融服务。推动电子支付、银行卡等在农副产品收购领域的应用,节约交易成本,提高交易效率。鼓励农村地区粮食、蔬菜、农(水)产品、生产资料等交易市场使用电子支付、银行卡等非现金支付工具进行交易,减少现金使用。

三、工作要求

(一)加强组织领导

人民银行各级分支行、各银行机构、非银行支付机构、银联分公司要高度重视"智慧支付工程"的推广实施工作,充分认识实施"智慧支付工程"对于改善支付服务环境、提升城市智慧化水平的重要意义。人民银行各级分支行要加强对"智慧支付工程"实施的组织领导,结合当地实际,制定具体的实施方案,落实责任分工。各银行机构、非银行支付机构、银联分公司要积极参与"智慧支付工程"建设,明确部门职责和分工,分解工作任务,采取有效措施推进电子支付、银行卡等在各个民生领域的应用。

(二)争取政府支持

各地要加强与当地政府的沟通、协调,积极争取将"智慧支付工程"纳入智慧城市建设的重点工作,通过资源整合,逐步开放交通、卫生、教育、旅游等行业壁垒。要协调当地农办、旅游等部门,将受理电子支付、银行卡等列入农家乐、民宿、旅游景点评级、评优的范围。协调工商、质监等部门解决食品溯源与电子支付、银行卡等软硬件配套问题。协调交通部门开放受理端口,推进电子支付、银行卡等在公共交通领域的应用,提升城市形象。协调教育部门搭建统一的电子支付缴费平台,解决学生缴费问题。协调政务服务部门开放接口,推进政务服务缴费便民。协调财政部门对投入较大的银行机构、非银行支付机构给予适当财政补助。

(三)发挥各方优势

人民银行各级分支行要结合当地实际,通过分解工作任务、纳入考核评价、组织业务竞赛等多种方式,推进智慧支付在民生领域的全面应用。各银行机构、非银行支付机构、银联分公司要发挥各自优势,推动智慧支付与民生领域相关行业的有机结合。各银行机构要加快完善非接受理环境,积极依托Ⅱ、Ⅲ类账户开展电子支付、银行卡等业务创新,不断提升产品和服务的便捷性,提高客户体验度。各银行机构省级管辖行要做好人员、经费、研发等各项保障工作,支持分支行参与"智慧支付工程"建设工作。各非银行支付机构要积极创新支付产品和服务,实现商品、服务交易等与支付服务的无缝对接。

(四)广泛宣传培训

人民银行各级分支行要组织当地银行机构、非银行支付机构、银联分公司开展形式多样、注重实效的宣传活动,提高社会公众对电子支付、银行卡等的认知度和接受度。各银行机构、非银行支付机构、银联分公司要通过多种渠道,广泛宣传、培训电子支付、银行卡等业务和安全使用知识,强化风险提示和警示教育,提高全社会非现金支付意识及风险防范能力。

(五)深入挖掘分析

人民银行各级分支行、各银行机构、非银行支付机构、银联分公司要合法、高效地运用"智慧支付工程"推进过程中积累的有效数据,充分运用云计算、大数据等技术手段,将分散的海量数据形成良好的区域数据生态环境,为政府提升公共服务水平提供支持。

(六)及时总结报告

人民银行各级分支行、各银行机构、非银行支付机构、银联分公司要认真总结"智慧支付工程"建设工作情况,及时将好的做法及遇到的困难和问题报告人民银行杭州中心支行。要不断丰富智慧支付应用场景,拓展应用范围,有效推动智慧支付在全省民生领域的广泛应用。人民银行杭州中心支行将以简报、现场交流会等方式,通报表彰各地、各单位特色做法与工作成效,协调解决推进过程中的困难与问题。

中国人民银行杭州中心支行

2017 年 4 月 28 日

中国人民银行杭州中心支行关于金融支持企业破产重整工作的指导意见

杭银发〔2017〕169 号

人民银行各市中心支行、杭州市辖各支行,各政策性银行浙江省分行,各国有商业银行浙江省分行,浙商银行,浙江省农村信用社联合社,交通银行浙江省分行,各股份制商业银行杭州分行,邮政储蓄银行浙江省分行,杭州银行,浙江网商银行,各城市商业银行杭州分行,杭州联合银行,各外资银行杭州分行,各资产管理公司杭州办事处,在杭各信托公司、金融租赁公司、财务公司:

为充分发挥金融支持供给侧结构性改革的作用,促进有发展前景的困难企业获得重生,最大限度盘活存量资产,助推金融风险化解和经济转型升级,现就金融支持企业破产重整工作提出如下指导意见。

一、提高认识,积极参与风险企业破产重整工作

(一)充分认识破产重整工作的重要意义

金融机构要强化大局意识和责任意识,充分认识破产重整在化解企业风险、盘活资源、支持实体经济等方面的重要作用,强化破产重整方式的应用,积极挽救虽然丧失清偿能力但仍能适应市场需要、具有营运价值的企业,优化资源配置,实现企业再生。

(二)提高破产重整工作的主动性

金融机构要把破产重整作为化解信用风险的重要方式和途径,主动摸排、

分析风险企业破产重整可行性,研究比较债务人破产重整和破产清算的处置效果,预先识别具有挽救希望而又符合《企业破产法》规定的重整条件的债务人,适时主动申请以破产重整方式处置风险企业。主动参与重整工作,加强与其他银行债权人的沟通协调,发挥集体优势,联合银行债权人研究框架性重整方案,积极向法院推荐合适的管理人并监督管理人工作,协助法院寻找合适的战略投资人,积极争取相关部门支持,加快处置进程。

二、积极配合,确保重整过程顺利高效

(一)积极配合重整计划执行

金融机构要积极配合重整计划执行,对涉及重整企业股权转让、经营场所变动、法定代表人变更等合理事项,应根据重整计划给予协助或配合;其中涉及抵押物抵押登记提前撤销事项,金融机构在自身优先权得到明确保障的情况下,应予以配合。对于需要配合的其他事项,金融机构在保证自身清偿顺位、清偿率不受影响的情况下予以配合。

(二)积极配合管理人相关活动

金融机构应积极配合管理人相关活动,支持管理人凭法院破产受理裁定书、指定管理人决定书开展账户开立、资金划转、重整企业银行账户明细查询等活动,并积极配合管理人对重整企业银行账户进行监督管理。人民银行省内各级分支行应支持、配合管理人凭法院破产受理裁定书、指定管理人决定书等材料查询破产重整企业征信信息。

三、多措并举,着力解决破产重整企业融资难题

(一)支持重整过程中的合理资金需求

金融机构要辩证看待重整企业融资需求,积极把握重整过程中的投资机

会,分析潜在风险,挖掘潜在价值,不断创新和改进融资服务,对技术设备先进、产品有竞争力、暂遇困难但经重整仍能恢复再生的企业,按照风险可控、商业可持续原则,继续支持其合理资金需求,结合破产重整企业承受能力,着眼长远发展,合理确定贷款利率水平,严禁发放贷款时附加不合理的贷款条件。探索符合重整企业特点的贷款申请、审批和放款模式,优化绩效考核机制,推行尽职免责制度。

(二)创新破产重整融资产品

金融机构应创新方式,运用多种金融工具为重整企业服务,积极创新中长期信贷产品,支持重整企业顺利运转。针对重整企业核心价值资产设计融资方案及交易结构,通过地方股权交易中心、金融资产交易中心等平台发行共益债权收益权产品,探索开展资产证券化业务,吸引社会资本参与。

(三)加强对战略投资人的融资服务

金融机构要推动对重整企业战略投资人实行综合授信,综合考虑投资人资信状况、经营管理能力、财务稳健性,以及重整企业市场前景、并购协同效应等因素,合理确定贷款期限和利率,支持投资人通过兼并收购实现行业整合。

四、加快信用修复,确保企业重整后顺利开展经营活动

(一)依法支持破产重整企业在征信系统的信用修复

企业破产重整成功(指重整计划被法院裁定批准)后需要对其信用记录进行修复的,金融机构应当及时予以配合。支持破产重整企业依据破产管理人或战略投资人提交的申请报告、法院裁定书等资料,将重整情况在征信系统"大事记"或"信息主体声明"中进行添加,并向信息使用者进行展示。

(二)及时上报并认可新的债务关系

金融机构要加强与上级行沟通汇报,在破产法律框架内受偿后重新上报信贷记录,在企业征信系统展示金融机构与破产重整后新企业的债权债务关系,依据实际对应的还款方式,将原企业信贷记录展示为结清状态。积极认可破产重整企业"大事记""信息主体声明"的内容,对于重整成功后企业的正常融资(包括开具各类保函、承兑汇票等)需求,应予以支持,不能以征信系统内原不良信用记录而一票否决。

(三)推动解决重整企业银行账户的撤立问题

企业重整成功后,依据法院出具的裁定书及申请撤销账户函,申请撤销其原开立银行账户,金融机构应予以支持。重整企业在原账户撤销后,申请重新开立账户的,开户银行应按规定办理,推动重整企业正常使用银行账户进行经营活动。

五、加强指导协调,切实推动政策落地见效

(一)充分发挥指导协调作用

人民银行省内各级分支行要重视企业破产重整工作,加强对金融机构的指导,积极落实行院合作协议,通过集中召集、集中沟通方式,有效解决管理人沟通效率低、协商难问题。会同法院积极探索建立破产重整金融债权人"预会议""预重整"制度,研究有担保金融债权快速处置机制,加快处置进程。积极协调地方政府和相关部门采取有力措施,共同研究解决企业破产重整中资产处置、税收、信用修复等重大问题,切实落实各项支持政策。

(二)严密防范金融风险

人民银行省内各级分支行要密切跟踪监测风险企业,建立破产重整企业台账,积极跟踪工作进展。分析研判辖内重要问题企业处置影响,完善风险应

对预案，及时与地方政府及相关部门沟通。与公安、法院、金融机构等密切配合，完善工作机制，严厉打击"假破产、真逃债"行为，维护金融机构合法权益和区域良好金融生态环境。

请人民银行省内各级分支行将本意见迅速转发至辖区内相关机构，并结合当地实际研究提出具体落实措施和工作部署，做好贯彻实施工作，有关进展情况及时上报杭州中心支行（金融稳定处）。

中国人民银行杭州中心支行

2017 年 9 月 30 日

中国银监会浙江监管局关于提升银行业服务实体经济质效的实施意见

浙银监发〔2017〕77号

机关各处室、各银监分局、各直辖监管办,各政策性银行浙江省分行(营业部)、各国有商业银行浙江省分行(营业部),各股份制商业银行杭州分行,各金融资产管理公司浙江分公司,邮储银行浙江省分行、杭州市分行,杭州银行、各城市商业银行杭州分行,浙江网商银行,省农信联社、杭州辖内各农村中小金融机构,杭州辖内各非银行金融机构,省银行业协会:

　　为贯彻落实《中国银监会关于提升银行业服务实体经济质效的指导意见》(银监发〔2017〕4号),引导浙江银行业发扬"端盘子"服务精神,回归本源、专注主业,围绕支持供给侧结构性改革,全面提升金融服务实体经济质效,现提出如下实施意见。

一、目标要求

　　(1)通过盘活信贷资源、优化信贷结构,加强对重点战略、重点行业、重点项目的金融保障;努力遏制制造业贷款下滑态势,力争2017年全省制造业贷款增量和增速同比"双升";小微企业贷款、涉农贷款、科技型企业贷款和绿色信贷实现稳步增长,进一步提升浙江银行业服务实体经济质效。

　　(2)通过浙江银行业服务优化、专项治理和改革创新工作,及时有效遏制银行业资金"脱实向虚"问题,努力在服务实体经济的机制改革、模式创新和质效提升等方面走在全国前列,培育浙江金融服务特色品牌。

二、主要任务

(一)抓住重点领域,着力振兴实体经济

1. 强化重点项目融资保障

全力支持"一带一路"倡仪、长江经济带战略等在浙江实施,主动对接浙江省经济转型升级重大发展战略,根据各项政策规定做好金融服务保障。加强与政府部门沟通合作,梳理重点支持项目名单,建立重点项目对接和监测机制。加强银行业沟通合作,加大银团贷款投放力度。规范开展 PPP 模式融资服务,引导民间资本参与重点项目建设。进一步发挥开发性、政策性金融作用,提高专项建设基金使用效率。在风险可控前提下创新金融服务模式,多渠道、全方位支持对区域经济发展具有重要带动作用的重点项目建设。

2. 力推传统产业改造提升

积极支持浙江"10＋1"传统产业改造提升,推动地方特色优势产业升级换代。主动对接浙江省技术改造重点项目,量身定制企业技改信贷产品,加强中长期贷款支持。完善并购金融服务,支持优质制造业企业沿着产业链兼并重组。加强海内外机构联动,优化企业跨境金融服务,支持龙头企业"走出去"。发挥各类银行业金融机构差异化优势,灵活运用项目贷款、融资租赁、产业链融资等方式,为制造业提供特色化、综合性金融服务。

3. 加快培育经济发展新动能

围绕落实《中国制造 2025 浙江行动纲要》,着力做好"一转四创""三强一制造""互联网＋""八大万亿产业"等领域金融服务。加大对节能环保、新一代信息技术、高端装备制造、新能源等战略性新兴产业,尤其是重大创新发展工程项目、科技重大专项项目、龙头骨干企业的金融支持。鼓励创新有利于支持医疗、养老、体育等产业发展的金融产品。鼓励完善银行业金融机构组织体系,设立重点服务新兴产业的分支机构或专业部门,针对不同行业发展规律特点,找准金融服务的切入点,提升专业化服务能力。

(二)优化融资结构,持续推进"三去"工作

1. 以差别化信贷政策推动去产能

完善银企信息共享机制,建立重点支持企业客户名单。科学运用工业企业综合评价结果,对 ABCD 四类企业落实差别化信贷政策,优先支持发展质量好、产出效益高、研发投入大的企业,有序退出落后产能和环境违法违规企业。对于未取得合法手续的新增产能建设项目,一律不得给予授信。完善推广债权人委员会制度,确保一致行动,坚决配合地方政府推动"僵尸企业"有序出清。多渠道盘活信贷资源,加大不良贷款处置力度,将新增和腾挪出的信贷资金投向有效领域。

2. 以债转股试点支持去杠杆

把握市场化、法治化原则,鼓励和支持各银行业金融机构在辖内开展债转股试点,挖掘有需求、有价值的债转股企业客户,力争民营企业债转股在浙江率先落地。坚持自主协商确定转股对象、转股债权以及转股价格和条件,鼓励面向发展前景良好但遇到暂时困难的优质企业开展市场化债转股,严禁将"僵尸企业"、失信企业和不符合国家产业政策的企业作为市场化债转股对象。支持符合条件的法人银行业金融机构研究申请设立债转股实施机构。

3. 因城施策推动房地产去库存

要牢牢把握住房的居住属性,坚持分类调控、因城施策,统筹推动去库存和稳房价。支持居民首套购房,推动降低库存压力较大的三四线城市住宅库存和商业房地产库存。加强部门沟通协作,遏制热点城市和苗头性城市房价过快上涨,及时调整并督促落实房地产信贷政策,严厉打击"零首付""假按揭"等违规行为。密切关注房地产市场形势变化,认真做好房地产信贷风险监测,深入开展房地产风险排查和压力测试,切实防范房地产信贷风险。

(三)聚集薄弱环节,补齐金融服务短板

1. 推动降低企业融资成本

进一步加强金融服务收费管理,持续开展"减费让利",整治不当收费行为,严格落实"七不准、四公开"等监管要求。深入开展监管套利、空转套利、关

联套利等专项治理工作,缩短融资链条。牢固树立以客户为中心的理念,按照"三个有利于"标准深化金融服务创新,积极开发适销对路、量体裁衣的金融产品。完善中小企业续贷政策和业务流程,根据企业生产经营实际合理匹配贷款期限,压缩转贷空间,降低续贷成本。

2. 强化困难企业分类帮扶

发挥银行债权人委员会作用,推动政银企凝聚合力,完善分类帮扶工作细则,健全困难企业帮扶工作机制。加强困难企业监测,及时预警涉及"两链"风险的关键企业,摸清风险底数,划分帮扶类型,因企施策开展绿色帮扶工作。完善帮扶方法,创新帮扶手段,着力推动简化企业担保关系。建立逆周期的客户评级和风控机制,将困难企业分类帮扶与"两链"风险化解、过度授信联合管控、"僵尸企业"有序出清等工作有机结合,切实做到增贷有度、稳贷有力、减贷有理。

3. 深入开展"两扶一增"行动

深入实施"两扶一增"计划,摸清低收入人群的创业、住房、养老、升学等金融需求,推出针对性金融产品,提高低收入人群金融服务的可获得性。加强与扶贫部门的沟通合作,积极支持易地搬迁、下山脱贫、棚户区改造和扶贫产业项目,提升金融扶贫的有效性。加快金融产品创新,改造优化授信期限、用信方式、贷款审批和发放流程,探索扶贫互助基金、银政保合作等模式,积极对接财政资金及补贴、贷款贴息、风险补偿机制。

(四)打造特色服务,培育浙银优势品牌

1. 打造特色农村金融服务

推动农户信贷档案和农业信用担保体系建设,运用大数据打造农村互联网金融服务模式,扩大农村基础金融服务覆盖面。大力支持浙江"美丽乡村"和现代农业示范区建设,以及乡村旅游、休闲农业等新产业新业态发展,加快推进农业产业链金融服务。鼓励开发性金融和涉农金融机构创新信贷方式,努力实现全辖涉农贷款持续增长。稳妥推进农村集体经营性建设用地使用权、农民住房财产权、农村承包土地经营权抵押贷款试点,深入推进台州动产质押融资试点工作,总结推广农民资产受托代管融资模式,完善推广村级互助担保组织合作模式,推广微贷技术本土化经验,努力打造浙江农村金融服务特色品牌。

2. 打造"智慧小微"浙江品牌

引导银行业金融机构下沉服务重心,完善小微企业专营机制建设,单列小微企业信贷计划,合理下放授信授权,提升授信审批效率,落实尽职免责制度,夯实小微金融服务基础。进一步加强对新兴信息技术的应用,推进小微企业金融服务智能化发展,实施"智慧小微"行动计划,推进大数据分析、银税互动线上模式的深化应用,提升移动互联终端的覆盖面。完善推广政策性银行转贷款模式。进一步推动完善小微企业信息共享、政策性担保和风险补偿等配套机制建设。力推法人银行机构实现小微企业贷款"三个不低于"目标,银行分支机构完成总行下达的小微企业信贷计划。

3. 培育绿色金融浙江模式

围绕"两美"浙江战略和转型升级系列组合拳,制订实施"浙江银行业绿色金融三年行动计划",支持浙江绿色产业发展和"治水、治气、治土"等工程。鼓励有条件的银行业金融机构设立绿色信贷专营支行或绿色金融服务中心,引导法人机构探索绿色金融事业部改革。积极推进绿色金融债和绿色信贷资产证券化试点,加大绿色金融产品和服务模式创新力度。建立完善绿色金融统计监测和评价体系,落实监管激励政策,培育一批绿色金融项目库、人才库和示范行。

4. 提升科技金融专业化水平

全面落实创新驱动发展战略,推动金融与科技深度融合、精准对接。支持银行业金融机构改造或新设科技专营支行,打造专业化的科技金融人才队伍、管理机制、服务模式和产品体系。大力拓展外部投贷联动的广度和深度,鼓励法人机构争取内部投贷联动试点资格。加大对科技金融的资源倾斜,合理提高科技型企业不良资产容忍度。加强科技金融创新的监测和评估。推动地方政府完善科技金融发展政策环境。

5. 打造消费金融特色品牌

鼓励各银行业金融机构发挥比较优势,重点围绕健康养老、旅游休闲、文化教育、信息网络消费、农村消费等新消费领域,运用信息技术和大数据分析手段,着力推动金融科技发展,打造适应现代消费模式的金融服务渠道、产品、流程和风控机制。积极对接浙江"电商换市"发展战略,大力支持电商产业园区、跨境电商综合试验区建设和小微电商创业创新。针对中小电商产业链特点,优化金融产品和服务理念,打造"电商、园区、快递、银行、产品"五位一体的电商金融服务模式。

三、保障措施

(一)完善绩效考评机制

各银行业金融机构要树立正确的发展观和绩效观,完善公司治理,科学制定发展战略,围绕专注主业、回归实体经济本源实施绩效考评改革,切实改进激励约束机制,建立健全服务实体经济的专项激励机制,并将提升服务实体经济质效作为重要指标,纳入内部绩效考核体系。各级监管机构要督促辖内法人机构 2017 年 6 月末前完成绩效考评改革工作。

(二)制定具体工作方案

各银行业金融机构要指定服务实体经济工作的牵头领导和牵头部门,结合实际制定优服务具体工作方案,明确任务目标和时间节点,于 2017 年 6 月 15 日前将工作方案报送属地监管机构(对口监管部门和统信部门)。各机构监管部门和各银监分局结合日常监管工作,对银行业金融机构服务实体经济工作开展督导。

(三)建立监测评价机制

各银行业金融机构要定期对服务实体经济的成效、不足等开展内部评估,查摆服务短板,提出整改方向,并将结果每半年一次(每年 1 月 15 日、7 月 15 日前)向属地监管机构报告。各级监管机构要加强对银行表内外业务的全口径、穿透式监管,有效监测实体经济融资状况。要建立银行业服务实体经济监管评价机制,对照银行业金融机构工作方案,定期评估、通报优服务进展情况,将全年评价结果作为机构监管评级、制订监管计划和地方政府对金融机构考核评价意见的重要依据。

（四）加强总结交流工作

各级监管机构和各银行业金融机构加强对银行业服务实体经济工作的总结交流和舆论引导，对优服务工作中的好政策、好经验、好做法及时进行总结，不断加以丰富和推广，树立优服务先进标杆，为全国探索更多浙江经验。

中国银监会浙江监管局

2017 年 5 月 10 日

中国银监会浙江监管局关于印发《浙江银行业支持中国（浙江）自由贸易试验区发展的指导意见》的通知

浙银监发〔2017〕86 号

机关各处室、各银监分局、各直辖监管办，各政策性银行浙江省分行，各国有商业银行浙江省分行，各股份制商业银行杭州分行，各金融资产管理公司浙江分公司，邮储银行浙江省分行，各城市商业银行、各辖外城市商业银行杭州分行，浙江网商银行、温州民商银行，省农信联社，各外资银行杭州分行，杭州辖内各非银行金融机构，省银行业协会：

现将《浙江银行业支持中国（浙江）自由贸易试验区发展的指导意见》印发给你们，请认真贯彻落实。

请已在自贸区开展业务（或有意开展自贸区业务）的各银行业金融机构成立专门领导小组，结合实际制定细化工作方案措施，并于 2017 年 5 月 22 日（星期一）前将牵头部门负责人及联络员名单通过城域网邮件系统报送至我局"政策法规处"邮箱，于 2017 年 6 月 10 日前将工作方案正式行文上报我局。

中国银监会浙江监管局

2017 年 5 月 16 日

浙江银行业支持中国（浙江）自由贸易试验区发展的指导意见

为贯彻落实党中央国务院关于建立中国（浙江）自由贸易试验区（以下简称"自贸区"）的重大决策部署，更好地支持和服务自贸区发展建设，根据《国务院关于印发中国（浙江）自由贸易试验区总体方案的通知》（国发〔2017〕16 号）以及银监会关于自贸区银行业监管相关文件精神，现就浙江银行业支持自贸区发展提出如下意见：

一、高度重视和积极支持自贸区发展战略

（一）充分认识自贸区建设的重大战略意义

自贸区建设事关浙江发展全局和国家战略布局，是浙江改革发展史上具有里程碑意义的一件大事，是新形势下全面深化改革、扩大开放和提升我国资源配置全球竞争力的重大举措。各银行业金融机构要高度重视、积极行动，将支持自贸区发展与对接"一带一路"倡议、长江经济带战略，以及推进实体经济转型升级等措施紧密结合起来。

（二）将支持自贸区建设与自身发展战略有机结合

各银行业金融机构要找准自身定位，发挥各自优势，科学制定自贸区业务发展规划和经营策略，培育自贸区业务发展的比较优势和核心竞争力，有力支持舟山群岛新区和舟山江海联运服务中心建设，服务浙江经济发展大局、全局，实现支持自贸区发展和自身转型升级良性互动。

（三）突出重点领域、重点项目金融要素保障

各银行业金融机构要紧紧围绕自贸区战略定位，积极支持以油品全产业链为核心的大宗商品投资便利化和贸易自由化的金融服务需求，全力支持油品存储、中转、加工、交易和补给等油品全产业链功能布局。围绕油品、矿石和

航空等重点产业发展方向,有效满足国际海事服务基地、国际油品储运基地、国际石化基地、国际油品交易中心、国际矿石中转基地以及舟山航空产业园等重点项目和工程建设资金需求。在风险可控的前提下,要积极创新融资渠道为自贸区重点领域和项目建设提供长期、稳定、可持续的金融服务。充分发挥浙江民营经济发达、民间投资活跃的特点,提供有效金融服务激活民间投资活力,引导民间资金投身自贸区建设。

二、全面优化提升自贸区金融服务能力和水平

(一)全面简化市场准入工作

深入贯彻落实省委、省政府"最多跑一次"改革决策部署,全面推进自贸区银行业简政放权工作,简化市场准入程序。勇于担当、先行先试,将自贸区银行业监管工作建设成"最多跑一次"改革的先行区、示范区。自贸区市场准入实施细则另行制定。

(二)积极培育和发展自贸区机构体系

支持各类符合条件的银行业金融机构通过新设分支机构、专营机构、专业子公司等方式进入自贸区经营。支持符合条件的银行业金融机构在自贸区设立特色业务总部、分部,有效利用总行平台和资源支持自贸区建设。鼓励集聚和发展各类功能性银行业金融机构,形成多层次、专业化的自贸区金融服务组织体系。

(三)有效扩大银行业对内对外开放

推动自贸区银行业对符合条件的民营资本和外资机构扩大开放。支持符合条件的浙江省内纯民营企业在区内发起设立自担风险的民营银行。支持符合条件的民营资本参股与中、外资金融机构在区内设立中外合资银行。允许符合条件的外资银行在舟山市设立子行、分行、专营机构和中外合资银行。

(四)加快发展配套金融产品和服务

各银行业金融机构要充分利用境内外两个市场,围绕油品产业链、航运仓储、跨境贸易和跨境投融资等方面加快研究开发,探索全产业链金融服务模式,形成差异化金融产品体系。要以最大限度满足客户区内外联动、境内外联动对金融服务的需求为导向,积极探索、先行先试,有效支持自贸区实体经济发展。

(五)鼓励和支持自贸区业务创新

鼓励和支持各银行业金融机构在持续提升对自贸区客户需求研判能力的基础上,按照"三个有利于"标准有针对性地开展金融创新。各银行业金融机构要给予自贸区内机构、区外舟山境内其他机构更多业务自主权,提高自贸区业务办理效率,并为自贸区业务的探索与创新发展预留足够的空间。

三、有效防控自贸区金融业务风险

(一)加强自贸区业务风险管理

经营自贸区业务的各银行业金融机构,应遵守中国银监会现行各项审慎监管要求。对于自贸区业务项下的新产品,银行业金融机构应完善事前风险评估机制,并建立自贸区业务和产品管理目录。对于自贸区业务中可能更为突出的风险管理领域,如市场风险、交易对手风险、国别风险等,各银行业金融机构应持续开展风险评估,并确保相关风险管理制度安排与自贸区业务发展状况持续相符。评估中如发现重大业务风险,应及时采取措施并报告监管部门。

(二)优化自贸区业务创新监管方式

对于自贸区银行业改革创新过程中出现的现行法律法规和监管规定未覆盖或规定不清晰的、为支持浙江自贸区发展需要根据实际情况进行先行先试的,根据《浙江银行业金融机构创新业务后评估工作规则》组织落实监管后评估工作。探索自贸区业务自主创新、先行先试监管配套机制,前瞻防范自贸区创新业务风险。

(三)构建自贸区业务审慎监管体系

研究制定并不断完善自贸区审慎监管制度,构建完善的自贸区审慎监管体系。探索建立符合浙江自贸区特色的监测报表体系,做好监测分析,前瞻预判风险隐患,为支持自贸区建设的相关制度安排提供重要依据。相关审慎监管制度及自贸区监测报表体系另行制定。

四、加强组织保障和配套支持

(一)建立自贸区金融监管专项工作机制

成立浙江银监局自贸区建设工作领导小组,由浙江银监局局长担任组长、浙江银监局分管副局长担任副组长,办公室、各监管处室及舟山银监分局主要负责人担任成员,负责研究决定自贸区银行业改革发展和监管方面的重大事项。领导小组下设联合工作办公室,由政策法规处和舟山银监分局主要负责人共同担任主任,负责日常工作。设立市场准入、监管政策、审慎监管等若干专项工作小组,加强专题专项研究、深入推进相关工作。

(二)强化自贸区金融机构主体作用

在自贸区开展业务的各银行业金融机构要成立专门领导小组,明确牵头部门,结合实际制定支持自贸区发展的具体工作方案,要加大对自贸区分支机构的指导和支持力度,科学设定专项业务权限、给予资源倾斜,积极培育自贸区特色金融服务。舟山本地各银行业金融机构也应成立专门领导小组,制定具体工作方案,舟山银监分局督促实施。

(三)加强自贸区金融专业人才队伍建设

各银行业金融机构要加大自贸区业务人才培养和引进力度,要紧紧围绕自贸区业务发展需求,重点培养和引进大宗商品贸易融资、跨境投融资、金融衍生品交易等方面专业人才,为自贸区业务创新发展提供充足人才保障。要综合运用薪酬待遇、职务晋升、生活保障等方面政策措施,提升自贸区分支机构吸引力,解决专业人才后顾之忧,确保"引得进""留得住"。鼓励各银行业金融机构多渠道整合人力资源,组建自贸区业务专业团队,提升自贸区金融服务专业化水平。

(四)及时总结推广自贸区金融好的经验做法

各级监管部门和各银行业金融机构要及时总结自贸区业务发展经验成效、典型做法,形成可复制、可推广措施。要加强与主流媒体的合作,积极宣传自贸区监管政策,大力宣传重大改革创新举措,营造良好外部环境。要积极搭建平台,加强业务交流和共享,共同提升自贸区业务发展水平。

规划调研篇

杭州市建设国际金融科技中心的研究报告

杭州市金融办

金融科技近几年成为全球投资人和创业者聚焦的热点产业。信息和技术的深层融合不断打破现有金融的边界,深刻改变着金融服务的运作方式,金融科技对人类的生产、生活方式产生深远影响,是金融业适应信息时代所发生的一次深刻变革。2016年中国金融科技融资77亿美元,首次超越金融科技强国——美国(62亿美元),全球金融科技企业100强前十名中有5个是中国企业。目前杭州市金融科技发展势头良好,研究力量强,拥有蚂蚁金服、网易金融、恒生电子、连连支付、挖财、铜板街等一系列创新能力极强的金融科技企业,与北京、上海和深圳一起完成全国金融科技产业布局。数字经济之父唐·塔普斯科特(Don Tapscott)通过视频演讲在2017区块链杭州峰会上大胆预测——第二轮互联网革命很有可能不会出现在美国硅谷,而极有可能会发生在中国的杭州。杭州正在领创现代经济的革新,用全新金融科技定义城市的未来。

一、金融科技的含义及发展情况

(一)金融科技的含义

金融科技是通过将大数据、云计算、区块链、人工智能等科技融入金融服务的各个领域,为金融体系创造新的业务模式、应用、流程或产品,解决金融体系中存在的征信、服务、风控等各种难题。金融科技的核心是利用互联网信息科技改造创新产品和业务模式,更好地实现服务中小微企业、实现普惠金融、实现金融风险防控等金融发展任务,对金融领域供给侧结构性改革,扩大有效供给,构建多元化、市场化的金融体系有巨大推动作用。当前,金融科技已成为继现代商业银行出现、投资银行兴盛、风险投资兴起后的全球第四次金融浪潮的主要内容,是全球经济下行背景下各国摆脱发展停滞现状的重要机遇,是我国经济发展新常态下实现金融服务实体经济、防范金融风险、深化金融体系改革任务的重要抓手。

目前,金融科技重点发展九大领域:支付结算、网络投融资平台、消费金融、供应链金融、区块链金融、智能投顾、大数据征信与风控、金融信息综合平台以及监管科技。支付结算主要包括面向个人客户的小额零售类支付服务(如移动钱包、点对点汇款、数字货币等)和针对机构客户的大额批发类支付服务(如跨境支付、外汇兑换等)。网络投融资平台是指网络平台作为信息中介,为投融资双方提供信息及资金对接服务的互联网金融模式,目前包括个体网络借贷(P2P)、互联网股权融资、互联网基金销售三个子类。消费金融是指在新金融领域通过互联网及移动互联网技术,将资金以信用贷款的形式提供给消费者用于购买商品或服务,主要包括消费贷款(分期、预授信)及现金贷两个子类。供应链金融是指以核心客户为依托,以真实贸易为前提,运用自偿性贸易融资的方式,通过运用应收账款质押、货权质押等手段封闭资金流或者控制物权,针对供应链上下游企业提供的综合性金融产品和服务。区块链金融是将区块链技术的去中心化、去信任、时间戳、非对称加密和智能合约等功能带来的便利,应用在金融领域。智能投顾又称机器人投顾,依据现代资产组合理论,结合个人投资者的风险偏好和理财目标,利用算法和互联网界面,为客户提供财富管理和在线投资建议服务。大数据征信是指利用基本信息、财务信息、涉诉信息、行为数据等多维度数据,对个人和企业信用进行评估,从而为有信贷需求的金融机构出具借贷企业或个人的信用查询服务。传统金融机构的智慧化是指银行、证券、保险等传统金融机构依托互联网技术,运用大数据、人工智能、云计算等科技手段,全面提升在业务流程、业务开拓和客户服务等方面的自动化能力,实现金融产品、风控、获客、服务的智慧化。金融信息综合平台是指利用互联网为金融产品销售提供第三方服务,但不涉及具体投融资信息的平台。监管科技是指利用新技术以更高效的方式达成监管要求,减轻监管合规负担。

（二）金融科技国内外发展情况

美国、英国作为世界领先的金融中心，其金融市场已有逾百年的发展历史，能够提供比较完善的金融产品和服务，其监管体系也相对完整，并在各自的金融体系中孕育发展出具有显著特色的金融科技产业。美国金融科技产业发展依托成熟的金融体系、顶尖的科技创新、雄厚的金融人才、较完善的金融监管体系等百年发展积淀，是最早发展金融科技的国家之一。其在网络贷款与消费金融、财经和金融资讯的智能筛选平台以及智能投顾领域的发展最为明显，发展的地域主要集中在以科技创新见长的硅谷，以及拥有庞大金融资源的纽约。英国金融科技产业发展迅速，已成为全球金融科技中心，拥有优良的投资环境，合理的税收系统，合适的监管平台，为金融科技行业发展奠定了良好的基础。其发展主要聚焦支付结算和贷款这两大领域，发展地域除了作为全球金融中心的伦敦，还有具有低营成本优势的曼彻斯特和爱丁堡。

在金融科技的浪潮中，中国借助体量优势、技术优势、政策优势已经形成了自己独一无二的地位，金融科技在北京、上海、深圳等城市受到关注并着力发展。北京市致力于培育金融科技孵化器，积极设立创业投资指引、科技成果转化、知识产权运营等专项资金，积极引导社会资本投入，支持区域重点产业科技成果转化，同时开展高端人才聚集工程，为大数据产业发展提供人才与智力支撑。上海市作为国际金融中心，拥有众多的全国性金融交易市场以及强大的国企外企资源，同时具备量质兼优的高等学府和充沛的专业人才储备，这些均为上海的金融科技发展提供了强有力的支撑。深圳市具有众多金融科技行业龙头企业，还在继续大力引进全球著名大学以及科研机构的研究力量，积极建设国际化金融创新中心以及粤港澳大湾区，助力深圳的金融科技发展。

可见，金融科技在国内外蓬勃发展，各大城市根据本区域实际情况，形成了各自特色优势，继续深入推进金融科技产业的发展。

（三）金融科技的发展意义

近几年全球金融科技投资不断升温，金融科技从边缘转向主流。金融科技新技术的运用正在改变金融行业的生态格局，对金融发展具有重要意义。

发展金融科技是深化金融改革的重要举措之一,其带来的变革将是开创性的,依靠数据和科技改进传统金融行业,借助技术优化产品服务形态,许多金融机构的许多岗位、产品、流程和凭证成为历史,也使得服务足以覆盖到传统金融体系达不到的角落。金融科技发展日新月异,但其金融本质功能不变,服务实体经济的能力将会得到进一步提高。此外,对运用金融科技的新技术手段,可以用更高效的方式进行监管,防范金融风险。可见,发展金融科技,符合"服务实体经济、防控金融风险、深化金融改革"三项任务要求,有利于促进经济和金融良性循环、健康发展。

二、杭州市的发展情况

(一)杭州发展金融科技的必要性

1. 顺应转型升级的需要

在近年来经济下行压力和资源环境约束倒逼下,杭州经济社会全面转型升级中产生大量的资金需求和金融产品需求,给金融业转型创新发展提出了新的机遇和挑战。杭州互联网产业发达,通信技术、互联网等多个领域具备全国领先优势,以互联网金融为代表的金融科技的发展水平也居全国前列。集聚了蚂蚁金服、恒生电子、挖财等一大批金融科技企业,金融科技创业气氛浓厚,杭州具备发展科技金融的产业环境和基础。发展科技金融对促进实体经济活力和加速产业结构升级有巨大的作用,是符合杭州经济发展实际的战略抉择。

2. 顺应大湾区建设的需要

一是根据国务院《关于长江三角洲地区区域规划》的定位要求,杭州打造以中小企业金融服务和民间财富管理为重点的长三角南翼区域性金融服务中心,具有接轨上海国际金融中心的区域优势。二是省第十四次党代会提出,谋划实施"大湾区"建设行动纲要,重点建设杭州湾经济区。杭州湾经济区连接国际金融中心上海,在金融科技方面具有优势。金融科技把上海和杭州联结起来,有助于打造杭州湾经济区城市群核心区,推动杭州湾经济区成为世界上著名的"金融＋科技"湾区。三是出台《钱塘江金融港湾发展规划》，旨在将钱塘江金融港湾打造成财富管理和新金融创新中心。根据规划，在功能分区和核心业态上，钱塘江金融港湾设立钱江财富管理核心区、钱江私募基金走廊、钱江金融大数据创新基地、钱江新金融众创空间等四大功能区块。上述区域规划优势将为杭州市金融科技的发展提供重大机遇和广阔空间，金融科技的发展也将促进各级规划要求的落实。

（二）杭州金融科技发展现状

基于金融科技发展的大趋势和杭州的发展机遇、优势和挑战，重点发展网贷、众筹、第三方支付、大数据征信和区块链等已具有一定先发优势的金融科技行业，增大市场份额，不断创新。此外，金融科技在传统金融机构方面的应用也具有广阔的发展前景。目前，杭州金融科技在九大细分领域全面开花，其中在支付结算、网络投融资平台、区块链金融、传统金融机构的智慧化等领域已经形成了自己的领先优势地位。在支付结算领域，在全国337个城市中，杭州的移动支付无论从普及率、覆盖广度还是服务深度等方面都超过北上广深，排名全国第一。虽然从移动支付企业的绝对数量来看，杭州没有占据主导优势，但是就普及程度而言，却遥遥领先。最关键的是，移动支付业务起源于杭州，杭州企业充分理解移动支付的内涵，因而企业在创新发展的过程中尤其注重支付业务服务的深度。在网络投融资平台领域，网络投融资平台包括个体网络借贷、互联网股权众筹、互联网基金销售三个子类。在个体网络借贷方面，从杭州网贷平台公司的业务类型来看，以车贷业务为主的网贷平台数量最多。其他业务分布则比较平均，反映了杭州市网贷平台竞争结构较为合理。在众筹方面，杭州2012年前后也开始出现一批前卫的先行者，从"杭州很多人咖啡馆"到2013年的一些小的创业项目，一直发展到现在，网络众筹已经成为一个非常热点的互联网金融话题。在基金销售方面，杭州有两只互联网基金销售情况排名在全国前5，分别是浙江同花顺和蚂蚁金服。在区块链金融领域，杭州目前正在积极推进钱塘江金融港湾的规划建设，其中也包括区块链产业。杭州市将打造全国首个区块链产业园区，落户西湖区互联网金融小镇，周边有蚂蚁金服、网商银行、浙大及其科技园等知名企业与园区。杭州已成为虚拟与现实相结合的智慧城市,可以为区块链技术体系提供各种互联网的应用场景。杭州市区块链产业的发展与应用,对于提升金融服务创新能力,提高政府工作效率,增强城市的综合竞争力,都具有积极的推动意义。在传统金融机构的智慧化领域,杭州传统金融机构在金融科技方面的探索也一直走在全国前列。为主动拥抱金融科技时代,以浙商银行为代表的一些本地银行也在创造性规划适合互联网时代业务特点的"双库""双核""双模""双云"新型企业级技术架构,通过底层创新有效支持金融科技应用创新和业务快速发展。浙商银行已经筹备成立金融科技应用创新中心、大数据应用管理中心等部门,着力开展或规划基于云平台的新型企业级技术架构、大数据、人工智能、区块链、智能投顾等多个前沿金融科技项目,并从组织架构、技术平台建设和场景探索等多维度推动项目落地。此外杭州市在消费金融与供应链金融、智能投顾、大数据征信与风控领域,建设金融信息综合平台以及发展监管科技中,都具有自己独特的优势和潜力,各相关金融科技企业取得了不俗成绩。

三、杭州市发展金融科技的目标定位

(一)发展目标

围绕区域性金融服务中心建设和钱塘江金融港湾建设,将金融科技作为全市当前的重点工作,列入杭州市经济社会的重大发展战略中,创新组织机构、产品服务、体制机制,积极推动金融科技产业全面发展。力争在"十三五"期间,培育一批具有世界竞争力的金融科技企业,开发一批具有较高全国乃至全球市场占有率的原创性金融科技产品,推广一批具有国际影响力和辐射力的金融科学技术,发展一批具有国际原发性理论的 R&D 中心,培育一批有国际影响力的金融科技人才,努力形成较为完备的"五个一批"产业体系,将金融科技产业打造成为杭州的新兴支柱产业集群。具体分为三步走:根据市委市政府"一号工程"要求,到 2020 年将杭州建设成全国互联网金融创新中心、全国金融科技中心;到 2030 年将杭州建设成国际金融科技中心。

（二）发展重点领域

基于金融科技发展的大趋势和杭州的发展机遇、优势和挑战，重点发展网贷、众筹、第三方支付、大数据征信和区块链等已具有一定先发优势的金融科技行业，增大市场份额，不断创新。此外，金融科技在传统金融机构方面的应用也具有广阔的发展前景。

四、政策建议

（一）明确发展目标，形成特色优势

将金融科技纳入杭州重大发展战略，借鉴先进经验，结合实际，明确发展金融科技的重要意义和工作目标。

（二）出台扶持政策，提供发展保障

出台支持金融科技发展的专项政策文件。探索设立"金融科技投资引导基金""海外金融科技并购基金"等。设立金融科技专项奖，重点奖励金融科技优秀项目。

（三）拓宽融资渠道，强化融资保障

推动传统金融机构应用基于金融科技的金融创新产品和服务。鼓励符合条件的金融科技企业在境内外进行多层次的资本融资。支持金融科技企业探索资产证券化业务，实现企业多渠道、低成本融资。

（四）打造产业园区，实现集聚发展

推动建立金融科技企业孵化园或产业园区。贯彻"最多跑一次"改革，提供优质便捷政府服务。鼓励金融科技企业和传统金融机构设立金融科技研发中心，在杭州乃至浙江形成金融科技相关产业集聚发展的生态链。

（五）加强招商宣传，吸引企业入驻

建立招商协调联动机制。聘请行业专家组建金融科技专家咨询委员会。吸引优质企业入驻杭州，形成产业集群效应，加快金融科技成果转化。积极引进举办更多具有国际影响力的金融科技峰会。

（六）培养引进人才，巩固发展基石

加强对金融科技人才的培养和引进工作。扩大政府、高校、企业之间合作，加强金融科技前沿技术的研发。建立金融科技人才储备库。构建多层次的金融科技人才培训体系。

（七）成立协会组织，促进行业发展

支持成立金融科技行业协会。加强优秀金融科技企业之间的经验交流，提升公众对金融科技的认知和风险投资意识。搭建金融科技成果转化平台，促进科学技术更安全、便捷、高效应用于金融领域。

（八）健全征信体系，营造信用环境

建立大数据征信体系。整合政府各部门之间的信息数据，推动信息共享，加快推进杭州市公共信息平台的发展。探索实现企业数据与杭州市非金融数据的共享，推进政府和企业的征信信息共建工作。

（九）重视风险防范，维护金融稳定

严厉打击金融科技领域的违法犯罪活动和利用金融科技名义进行的各类犯罪活动。加强对地方金融活动的动态监测。引入第三方监测评估机制。建立健全投资者教育体系。

提升多层次资本市场服务杭州"双创"活动研究

杭州市金融办

2014年9月,国务院总理李克强在夏季达沃斯论坛上发出"大众创业、万众创新"的号召,从那个时候开始,"双创"活动在中国大地如火如荼展开。"双创"是经济活力之源,也是转型升级之道。党的十九大报告提出,激发和保护企业家精神,鼓励更多社会主体投身创新创业。这为"双创"向纵深发展指明了方向。

为了更好地推进"双创"工作,2015年6月,国务院发布《关于大力推进大众创业万众创新若干政策措施的意见》,之后,陆续出台了很多相关的政策和文件,各省市也纷纷出台相对应的支持政策。

一、杭州开展"双创"活动的特色分析

杭州是一座历史文化名城,更是一座创新活力之城。这不仅是因为杭州有阿里巴巴、支付宝、海康威视等享誉国内外的知名公司,更是因为杭州有着总量近42万家占比超过95%的充满活力的小微企业。这是杭州经济保持激情与活力,生成新动能,适应和引领新常态的基础和保证。杭州的创新创业为全国"双创"活动做出了表率。

自2015年6月入围国家首批小微企业创业创新基地城市示范以来,针对作为创新创业主力的小微企业"缺资金、缺经验、缺场地、负担重"等突出问题,以"三补一降"为手段,在"资金、服务、空间、成本"四方面集中发力,以改革的智慧,创新的制度,务实的举措推进"两创示范",打造小微企业"创新创业新天堂",成效显著。

（一）小微企业成为创新创业的生力军

截至 2016 年 12 月，杭州小微企业拥有有效授权专利达到 76367 项。2016 年，小微企业新增授权专利 21075 件，占同期新增企业授权专利的 74.40％，其中发明专利 2559 件，实用新型 12618 件，外观设计 5858 件。2016 年，杭州小微企业营业收入达到 24298 亿元，同比增长 13.74％；小微企业技术合同成交额 68.90 亿元，同比增长 123.92％。

小微企业授权专利总数、发明专利授权数和实用新型专利授权数已分别占到同期杭州总数的 51.3％、30.1％和 57.9％，已经成为杭州科技创新的生力军。

（二）创新创业活力后劲十足

截至 2016 年 12 月，在册企业数达到 43.1 万户，其中小微企业 41.5 万户，个体工商户 426028 户，农民专业合作社 4568 户，市场主体总量达到 861741 户。2015 年至 2016 年，新注册企业 145599 户，新注册个体工商户 158174 户，合计新增企业和个体工商户 303773 户，市场主体增势迅猛。2016 年小微企业新增就业人数 417797 人，两年累计达到 817797 万人。

自 2014 年以来，杭州创业项目以年均 20.3％的速率增长，超过同期的北京、上海、深圳，居全国第一。2016 年，杭州发生 243 起公开融资事件，涉及项目 227 个，融资额达到 574 亿元。微链平台记录的创业活动共 3287 场，日均达到 9 场，参加的创业者 118151 人，"双创"活力持续释放。

（三）政府引导效果明显

截至 2016 年底，杭州创投引导基金到位资金 10.7 亿元，其中以阶段参股方式的子基金累计达到 47 只，基金总规模 59.54 亿元，市创投引导基金协议出资 12.73 亿元，累计实际出资 8.94 亿元，子基金运行到期已经退出 3.8 亿元。2016 年，获得正式批复的子基金共有 14 家，基金总规模 19.61 亿元，引导基金协议出资 3.49 亿元。

天使引导基金到位资金 6 亿元，累计批复基金 34 只，基金总规模 20.99

亿元,天使引导基金协议出资 5 亿元,累计实际出资 1.42 亿元。2016 年,正式批复的子基金 21 家,总规模 13.36 亿元,引导基金协议出资 3.39 亿元,有力地支持了杭州"双创"活动的开展。

(四)"平台+基金"的创新创业生态格局初步形成

2017 年 10 月 20 日,浙江省科学技术厅发布通知,认定杭州网尚空间等 141 家众创空间通过省级众创空间备案、银江创业梦工场等 33 家众创空间为省级优秀众创空间。杭州市网尚空间等 57 家众创空间通过省级众创空间备案,占全省备案总数的 40.4%;银江创业梦工场等 23 家众创空间被评为省级优秀众创空间,占全省总数的 69.7%。在省级优秀众创空间的排名上,前 10 名中杭州占了 9 个。

杭州的国家级、省级众创空间数量超过全省总数的三分之一,省级优秀众创空间的数量占全省一半以上。杭州"平台+基金"的创新创业生态已初步形成,众创空间建设向纵深发展,继续领跑全省。

二、多层次资本市场服务"双创"的内在机制研究

多层次资本市场是对现代资本市场复杂形态的一种描述,是资本市场有机联系的各要素总和,具有丰富的内涵。2003 年,中央就提出建立多层次资本市场体系,当时主要是考虑股票市场只有主板市场,难以满足大量中小型企业特别是创新型企业的融资需求。2004 年推出了中小板,2009 年推出了创业板。经过多年的探索发展,我国多层次资本市场体系初具规模,多层次资本市场建设不仅有力支持了经济社会发展,而且为建立现代企业制度、构建现代金融体系、推动多种所有制经济共同发展做出了重要贡献。

"双创"的推进离不开金融业的支持,尤其是多层次资本市场的支持。在资本市场对自主创新企业的强力扶持下,一批高新技术企业借助资本市场获得迅速发展,不少已经成长为具有较强的科技创新能力和良好经营业绩的公司,在资本市场上形成了较好的示范效应。

(一)各类创业投资为"双创"提供最基础的融资保障

多层次资本市场体系对"双创"活动的支持,首先离不开天使投资、创业投资、私募投资、股权投资等,这些投资是"双创"活动能够顺利开展,迈出第一步的重要支撑,为"双创"活动提供基础保障。

小微科创企业最初、最理想的融资对象就是天使投资和创投。他们不仅能帮助企业解决钱的问题,还可以通过自己的资源优势,解决发展过程中遇到的技术、管理、团队建设、市场推广等问题,与企业共同成长。股权众筹在支持科创企业方面发挥的作用也日渐显著,"天使投资＋合伙人制＋股权众筹"构成了新的企业股权模式,正在成为种子期科创企业加快发展的催化剂。各种初始投资的不断活跃,投资规模的快速增长为"双创"活动的推广提供了雄厚的起始资金支持。

(二)四板市场为"双创"活动提供专业孵化器功能

四板市场特指区域性股权市场,2015 年开始成为新三板后市场追逐的另一个焦点。作为解决"中小企业多、融资难;社会资金多、投资难"的场外资本市场试验田,四板市场成为数量众多、暂时无法满足上市条件的中小微型企业,尤其是科技创新企业实现股权转让和直接融资的又一新渠道,是企业转板、上市的"专业孵化器"。

截至 2017 年 4 月底,全国共设立 40 家区域性股权市场,共有挂牌企业 1.87 万家,展示企业 6.49 万家,累计为企业实现各类融资 7940 多亿元,对促进中小微企业股权交易和融资、鼓励科技创新发挥了积极作用。四板市场的灵活机制和机动管理为中小微企业的融资、管理、营销、股权转让等提供了特殊的通道。在通过 IPO 上市,以及进入新三板市场有一定困难的前提下,各地的四板市场便发挥着特殊的"专业孵化器"功能,并帮助企业打开了更为广阔的发展空间。

(三)新三板市场为"双创"活动提供最广阔的融资舞台

新三板设立以来,大量创新型、创业型和成长型中小微企业在新三板挂牌,市场规模持续壮大,成为我国多层次资本市场体系的重要组成部分,为"双创"活动提供最广阔的融资舞台。

2015年新三板挂牌企业5129家,是2014年的3.3倍,超过了沪深两市上市公司总和,总市值超过2万亿元。2016年新三板挂牌企业实现翻番。2017年,新三板首次进入政府工作报告。截至2017年10月底,新三板挂牌企业为9399家,中小微企业占比93%,高新技术企业占比67%,先进制造业、现代服务业合计占比73%,私募股权基金投资参股公司占比约60%。

新三板市场挂牌公司创业、创新的特点十分显著,众多处于初创期、成长期的高科技、高成长性企业在这个市场获得了契合它们需求的金融服务。可以说,新三板通过四年的发展,初步缓解了中小企业融资难、融资贵的问题,在支持"大众创业、万众创新"和服务供给侧结构性改革方面取得了积极成效。

(四)创业板市场为"双创"活动提供最有效率的融资选择

在"双创"大背景下,一批批优秀的中小企业、创业企业通过发行上市获得了直接融资,突破发展的瓶颈,进入高速成长的轨道。借助资本市场的强大支持,越来越多在创业板上市的公司在迅速发展壮大的同时,加大研发投入,从而进一步增强了自主创新能力。总体来看,创业板的国家级高新技术企业占板块的比重甚至达到95%以上,战略性新兴产业企业占板块的比重也达到了74%左右。

近年来,监管层不断优化发行上市条件和投资者准入门槛,提高创业板包容度,吸引领军企业、初创型创新企业在创业板上市,进一步发挥了资本市场对"双创"的支持作用。截至2017年10月底,创业板共有上市公司706家,总市值超过6万亿元。目前,创业板市场已经成为"双创"企业最有效率的融资选择。

(五)主板市场为"双创"活动的深入推进提供最宽泛的支持

主板市场对"双创"活动的支持最为宽泛,不仅可以通过IPO实现融资,还可以为企业实施转型升级提供全方位帮助。此外,在主板市场上,并购重组的交易频率与规模要远远地高于其他几个层次的市场。2016 年至 2017 年 5 月底,上市公司共计并购重组交易 3332 单,其中 2055 单涉及创新创业型民营上市公司,占比 62%。这也为"双创"活动的深入发展提供了更多的支撑。

(六)债权融资为"双创"活动提供多元化的选择

2016 年交易所债券市场启动创新创业公司债券和绿色公司债券试点。双创债发行主体是新三板挂牌企业和创新创业中小企业,尤其是在新三板创新层中推进的一种新兴公司债券品种,旨在满足创新创业企业融资需求,拓宽融资渠道,降低融资成本,进一步提高债券市场服务实体经济的能力。双创债、绿色债、可续期债和熊猫债等创新品种试点,能更好地满足创新创业企业的融资需求。

(七)特色信贷为"双创"活动提供最直接的支持

为支持"双创"活动,设立科技银行,开发"科技助保贷""科技信用贷"等特色信贷产品,尝试投资、贷款相结合的投贷联动,建立和完善创业创新金融服务体系,致力于满足不同类型和生命周期的创业创新企业的个性化金融需求。通过细分创业周期和创业主体,有针对性地配置金融产品,为不同创业群体提供一站式综合性金融服务。这样的特色信贷为"双创"活动提供了最直接、针对性强的金融支持。浦发银行的"千人千户"小微客户培育计划就是典型代表。

三、杭州利用资本市场服务"双创"面临的机遇与挑战分析

(一)机遇分析

1. 杭州"双创"活动发展势头强劲

一直以来,杭州就是创业者的天堂,杭州的"双创"活动始终走在全国前列。以众创空间的发展为例,杭州大力发展市场化、专业化、集成化、网络化的

众创空间,形成开放式的创业生态系统。青创迭代空间、浙大 e-works 等多家众创空间纳入国家级科技企业孵化器的管理、服务与支持体系。硅谷知名孵化与投资机构 Plug&Play 落户海创园,英特尔创客空间落户云栖小镇,硅谷幼发拉底孵化器(中国)总部落户上城区。

2016 年中国创新创业大赛,杭州企业在六大行业总决赛上获得一等奖 3 项、二等奖 2 项、三等奖 2 项,占浙江全部获奖企业总数(8 项)的 87.5%,占全国全部获奖企业总数的 19%。2017 年创新中国总决赛暨秋季峰会在杭州举行,3000 个创新创业项目中有 500 个项目来自杭州。最终进入总决赛的项目有 239 个,其中杭州项目 40 个。

2. 杭州各类特色小镇作用突出

在支持"双创"活动中,杭州市各类特色小镇发挥着非常重要的作用,诞生了一批表现优异的企业。

梦想小镇集聚创业项目 1110 余个、创业人才 10600 名;有 120 余个项目获得百万元以上融资,融资总额达 40 亿元;集聚金融机构 770 余家,管理资本 1750 亿元,遥望网络、灵犀金融、仁润科技等 3 家企业挂牌新三板。玉皇山南基金小镇以股权投资类、证券期货类、财富管理类投资机构为核心产业,以金融中介服务组织为补充,形成完整的新金融产业生态链,为金融创新创业注入新活力。杭州云栖小镇目前已累计引进包括阿里云、富士康科技、Intel、华通云数据、数梦工场、洛可可设计集团在内的各类企业 433 家,其中涉云企业 321 家。杭州下沙大创小镇是以新一代信息技术为主导产业,集创新链、人才链、投资链、服务链等要素为支持的双创生态园区,目标为建成长三角地区产学研协同创新的示范区、全国开发区产业转型的示范区、国际高端人才创新创业的汇聚地。

3. 杭州创投引导基金与私募基金优势明显

杭州市创投引导基金抓住深化改革和政策创新的机遇期,积极推进"6+1"产业、助力杭州集聚"人才+资本",打造具有全球影响力的"互联网+"创新创业中心。2016 年创投引导基金通过阶段参股合作基金投资项目 56 个,累计支持项目 311 个,投资金额 30.27 亿元,带动社会联合投资 31.28 亿元;通过跟进投资累计支持项目 57 个,签约投资金额 11796.9 万元,撬动社会资本

81474.6 万元。

杭州自 2014 年推出天使引导基金以来,共批复合作基金 40 家,极大地推动杭州创业企业发展。在杭州,银行、证券、保险机构超过 500 家,已经备案的私募基金管理人 1006 家,备案私募基金 2844 只,管理基金规模 3000 多亿元,占据整个浙江省的半壁江山。

4. 多层次资本市场建设步伐加快

大力发展资本市场,完善多层次资本市场体系,推进建立全国性场外交易市场一直都是我国资本市场发展的方向和目标,而且这个建设的步伐在不断加快。截至 2017 年 9 月 30 日,杭州市新增 23 家境内外上市公司,累计上市公司 158 家(境内 124 家、境外 34 家)。新增"新三板"挂牌企业 44 家,累计达 391 家,均位居全省第一。

利用多层次资本市场建设不断加快的机会,结合杭州"双创"活动开展的实际情况,我们应该鼓励各类创新企业到资本市场上进行融资,提升企业管理能力,服务产业结构调整和优化。

5. 多样化融资方式层出不穷

随着资本市场发展的速度越来越快,规范化的制度越来越完善,多样化的融资方式在不断地向市场推出。尽管场内交易市场规模有限,但区域性股权交易市场将会建设成真正的场外交易市场。众多中小企业可以在区域性股权交易市场中发行、上市,电子化发行和交易。在区域性股权交易市场上直接实行注册制,并大量运用金融衍生品,为不同阶段和不同需求的创新创业企业提供灵活多变的融资方式。

在谋求多样化融资方面,杭州未来科技城着重打造资智融合平台,以创建省级金融示范区为契机,搭建资智对接的创新平台,引导民间资本不断向科技资本、产业资本转化。截至目前,未来科技城共集聚金融机构 620 余家、管理资本 1350 亿元,入驻企业获得股权投资规模达 40 亿元。

6. 借势省"钱塘江金融港湾"战略与"凤凰行动"计划

2016 年 12 月,浙江省公布了《钱塘江金融港湾规划方案》,提出构建财富管理产业链和新金融生态圈,将钱塘江金融港湾打造成在国际上有影响力、在国内处于优势地位,具有强大资本吸纳能力、人才集聚能力、创新转化能力、服务辐射能力的财富管理和新金融创新中心。这必然会促进创投资本与创新科技的各类金融资本和上市并购企业的国际化金融服务,推动金融科技、金融创新的深度融合,发挥金融业对实体经济发展的最大支持作用。

2017年10月,浙江省发布了推进企业上市和并购重组"凤凰行动"计划。凤凰计划的主要目标为,到2020年浙江省境内外上市公司要争取达到700家,重点拟上市企业300家,实现数量倍增。

我们应该借助省"钱塘江金融港湾"战略和"凤凰行动"计划,提升杭州各类创新企业在不同层次资本市场上的上市数量,加强金融与科技、金融与经济的融合,更好地服务杭州"双创"活动的开展。

(二)面临的挑战

1.创业投资、天使投资和私募投资规模还不够大

虽然杭州引导基金工作起步较早,管理规范,但基金规模在全国主要城市中已明显偏小,与杭州在全国的创业地位不相称,制约其服务"双创"的能力。

截至2016年底,杭州市共有股权投资机构975家,其中私募股权投资机构612家,创业投资机构337家,早期投资机构26家。披露管理资本量的机构共有381家,披露管理资本量5,717.82亿元人民币,其中VC机构管理资本量最多,共3,775.04亿元人民币;PE机构管理资本量为1,908.41亿元人民币;早期投资机构管理资本量仅为34.37亿元人民币。

各类股权创业投资是推动创新创业的重要资本力量,是促进创新成果转化的助推器。与上海、深圳、北京相比,杭州私募与股权基金规模的发展还有一定的差距,在服务"双创"过程中,由于基金规模、行业偏好等原因,服务效果还需要提升。

2.科技银行作用的发挥还受到很大的制约

杭州银行科技支行经过6年的有效运作,服务科技型中小微企业成效显著,累计发放贷款147.61亿元,服务科技型企业2000余家。在培育的企业客户中,拥有上市公司3家,新三板挂牌企业30家。然而,全市高新技术企业有3800多家,科技型中小微企业更是达2万多家,市场容量巨大。杭州银行科技支行已服务到的科技型企业仅2000家,贷款企业约800家,仅覆盖到了客户

市场的一小部分。

除了科技银行覆盖面不够,支持"双创"力度欠缺之外,科技银行的管理体制也存在一定的不足。

3. 浙江股交中心的服务还可以进一步提升

浙江股交中心在未上市公司股份转让试点的基础上,建立了一整套符合区域性资本市场建设要求的规则与运营体系,并与全国性证券市场相对接,是我国多层次资本市场体系的重要组成部分。截至 2017 年 9 月底,杭州新增股交中心挂牌企业 418 家,累计达 1336 家。

虽然杭州市小微企业、初创企业在股交中心的挂牌数量在逐年增加,但与杭州市近 42 万户的小微企业总体量相比,挂牌数量还远远不够。此外,浙江股交中心在帮助挂牌企业提供融资、品牌推广等服务方面也存在一定的不足,无法有效地满足挂牌企业的需求。特别是直接服务杭州"双创"的各类服务,还有很多可以提升的空间。

4. 不同层次资本市场的上市数量还可以进一步扩大

从近几年杭州企业在不同层次资本市场上市的数量发展来看,在创业板和主板上市的企业数量有明显的增加,但均为个位数,中小板每年仅有 1 家,境外上市企业呈现波动起伏的情况。

为了更好地满足创新创业型企业的融资需求,促进企业更快地成长,促使其规范管理,我们还需要加大上市培育工作,积极引导,不断提高上市企业数量和质量。

5. 债权融资没有得到足够的重视和运用

从债权融资来看,原来在交易所市场发行公司债的基本为上市公司及一些金融企业,且发行审核周期较长。2015 年 1 月,证监会发布了《公司债券发行与交易管理办法》,扩大了公司债发行主体。2016 年证监会积极推进"双创债"的试点工作,进一步放宽发债主体限制。

杭州已集聚了大量创投机构,他们在促进和培育创新创业企业方面发挥了重要作用,但由于股权投资周期较长,需要持续的资金支持,创新创业债券品种的推出,可以丰富创投机构的融资渠道,满足部分融资需求并降低融资成本,从而有助于提高其投资的活跃度。

目前,在杭州"双创"活动中,债权融资并没有得到相应的重视,且在实际发债的过程中存在诸多限制,没有发挥其应有的功能。

四、提升多层次资本市场服务杭州"双创"的对策建议

为了更好地服务杭州"双创",我们应该构建一条功能逐级提升、体系完整的"引导基金—科技银行—股交中心—培育上市—并购重组"产业链,有效地解决初创型企业融资难问题。通过完善商事制度改革,加强科技和金融的结合,充分发挥市场在资源配置中的决定性作用。

(一)全面完善杭州市引导基金体系

提高杭州市创投引导基金的规模,提升创投引导基金的投资引导水平和能力,更好地帮助初创型企业发展。加快蒲公英天使投资引导基金的发展步伐,探索与其他合作参股基金的更多合作方式。发挥硅谷孵化器的引导作用,并积极寻求与硅谷本地风险投资基金的合作,带动杭州"双创"活动的深入发展。鼓励各类股权投资基金完善创业引导工作,创新管理机制,发挥自身资源优势和专业特长,努力提升专业化运作和管理水平。

(二)成立具有"硅谷银行"特质的杭州科技银行

成立独立法人资格的科技银行,也能更好地实现以杭州为核心,科技金融服务覆盖整个杭州都市圈,推动杭州"双创"活动的全面开展,进而带动杭州经济的转型升级。新成立的科技银行以混合所有制形式发起,并且与硅谷银行建立战略合作关系,提升科技银行的知名度。形成一套单独的考核管理机制,放宽存贷比的约束,进一步提高不良贷款容忍率,应该允许从事股权投资,并根据现实需求,增加股权投资的比重。鼓励科技银行对贷款企业进行跟投,实现投贷结合。通过与 VC 之间的紧密合作,形成科技银行自己独特的风控机制。

(三)充分发挥浙江股交中心(四板市场)的全方位服务功能

明确股交中心的功能定位,着力打造融资平台、交易平台、孵化平台、创新平台等功能平台。开展非上市企业股权、债权和其他私募金融产品的登记、托管、展示、挂牌、交易、结算等业务,整合各方资源,向上与新三板、创业板等更高层次资本市场板块对接,向下与杭州各类孵化器特别是创新型孵化器对接。加强与商业银行、小额贷款公司等开展业务合作,支持其为挂牌企业提供融资服务。完善交易方式,创新利用众筹等互联网金融工具。

(四)通过不同层次资本市场提高创新创业公司融资效率

引导和扶持大数据、云计算、物联网、动漫游戏、信息技术等战略性新兴产业和科技创新型企业在不同层次资本市场上市。借力双创债券试点推动创新创业,充分发挥杭州各级中小企业融资担保机构、中小企业信用保证基金、创业投资引导基金等已有机制的优势,积极为双创债发展提供增信服务。提升资本市场中介机构工作效率服务创新创业。积极争取上海证券交易所、新三板在杭州设立企业上市挂牌路演分中心,并运用现代科技手段,实现信息共享。

(五)通过并购重组支持上市创新公司做大做强

创新创业公司可以充分利用资本市场进行并购重组,与产业链上下游的优势企业进行整合,延伸和完善产业结构,提高一体化竞争优势。通过并购重组实现创新发展,促进传统产业转型,改造企业的治理结构,从引资变为引技术、引智力,更好地服务于企业的创新创业活动。

(六)完善商事制度改革提升政府服务效率

为了更好地推进"双创"活动的顺利开展,以更加高效的方式服务"双创",杭州应该从试点名称改革、放宽住所登记、下放登记权限、探索全程电子化、推行执照"网上预约、快递送达"等便民举措入手,推进商事制度改革继续走在全国前列。

"四个三"创新银行业电商金融服务

浙江银监局

浙江的电商产业起步早、门类广、创新多,整体发展水平处于全国前列,已经成为浙江省的支柱产业和带动地方经济转型升级的重要引擎。尤其是随着中国(杭州)跨境电商综试区建设、"电商换市"工程等重大战略的推进,相关配套政策更加完善,进一步激发了电商产业发展活力。目前,浙江拥有淘宝、天猫、网易考拉海购等大型电商平台以及大量中小电商经营主体。2016 年,全省网络零售额 10306 亿元,是 2012 年的 5 倍。创新电商金融服务,既是银行业服务实体经济发展的重要措施,也是抓住发展新机遇的重要路径。

一、基本情况

辖内银行业立足自身优势,结合辖内电商产业发展特点,打造综合支持平台,深化业务合作,创新特色产品,积极做好对电商平台和企业的金融服务。一是合作规模迅速增长。初步统计,截至 2017 年 3 月末,辖内银行业共与 259 个电商平台合作,提供融资余额 201.14 亿元,较 2016 年初增加 65.17 亿元,增长 47.79%;与 117 万家基于平台的电商企业或经营户开展业务合作,融资余额 198.32 亿元,较 2016 年初增加 127 亿元,增长 178.87%;2016 年为电商企业提供支付结算 7.12 万亿元,较 2015 年增加 3.06 万亿元,增长 75.37%。二是特色化组织架构初步建立。部分银行业金融机构成立专门服务电商企业的总行级部门或特色机构。如,建设银行在浙江设立跨境电子商务金融中心,重点打造全国跨境电商金融服务孵化器。浦发银行在杭州设立总行部门级互联网金融业务中心。金华银行、台州银行等机构在电商企业集中区域成立"电商支行""电商特色支行",创新专门的服务流程,专注于服务电商客户。三是内部政策重点倾斜。辖内多家银行业金融机构将支持电商发展作为战略重点,制定专门支持政策和发展规划,并对电商企业在利率定价、不良容忍度、绩效考核等方面给予倾斜。

二、特色做法

(一)做好"三项服务",支持跨境电商发展

一是搭建平台提供对接服务。通过搭建支持平台,与浙江电子口岸、外管、园区仓储企业和物流服务商等部门及企业对接,实现银行交易数据与客户订单、物流、保管等平台认证数据的交换、共享和应用,做好配套金融服务。如,工商银行浙江省分行推出杭州跨境电商金融支持平台,搭建起银行、政府部门与企业间"数据桥梁"。二是创新支付结算优化基础服务。银行机构加强与第三方支付、境外代理行等合作,优化对跨境电商的支付结算服务。如,中国银行浙江省分行开发"第三方支付跨境支付系统",借助中行在全球支付网络和清算渠道上的优势,与支付宝、连连支付等第三方支付公司开展跨境支付领域合作。三是开发特色产品创新融资服务。银行机构结合跨境电商运营特点,利用跨境电商企业的销售、物流、出口退税等数据,设计针对性的信贷产品,满足企业融资需求。如,邮储银行浙江省分行开发"跨境 e 贷",将电商平台销售数据、提现及结售汇数据与邮政局、邮政速递取得的物流数据相匹配,为企业提供融资服务。

(二)依托"三类数据源",支持中小电商企业发展

一是依托外部平台拓展金融服务。银行业金融机构把大型电商平台的海量数据,作为对电商客户信用评价的重要依据,开展电商贷款业务。辖内十多家银行机构开发了专门的"电商贷"产品,主要以淘宝、天猫、速卖通、亚马逊等大型电商平台上的经营企业或个人为授信对象,提供信用贷款服务。其中,网商银行依托阿里巴巴的电子商务平台开展电商贷款业务,推出了"淘宝贷款""天猫贷款"等产品,实现了三分钟申贷,一秒钟放款,零人工介入的"310"贷款

模式。二是依托金融科技公司强化信用分析。与金融科技公司深度合作,发挥科技公司在模型设计、数据抓取、数据库对接等方面的优势,更好地为电商企业提供金融服务。辖内银行机构合作对象主要有"云贷365"平台、"元宝铺"等大数据分析公司,由合作对象负责客户筛选推荐、数据收集分析以及交易数据监测等工作,银行进行线下核实和贷款发放。三是依托电商企业运营全流程完善配套服务。银行业金融机构通过对电商平台上下游产业链、物流公司等综合分析,提供金融服务。如,浙江稠州商业银行为电商企业提供结构化贸易融资服务,做好电商企业进货、在途货物跟踪、仓库货物抵(质)押、汇款路径锁定等全流程风控,优化了电商金融风险防控。

(三)突出"三类特色电商",做好个性化金融服务

一是支持农村电商。辖内银行业通过与农村电商平台合作、在农村电商集聚区域批量营销等方式,积极支持农村电商发展。截至2017年3月末,辖内银行业服务农村电商17.1万家。如,网商银行开发"旺农贷"产品,借助农村淘宝合伙人的数据积累,为农村种养殖户和小微企业提供信贷支持,目前已经累计服务5.75万农户。二是支持服务业电商。与在线旅游、网络游戏、在线医疗等服务业电商合作,将金融服务嵌入服务业电商企业场景,为客户提供在途资金理财、出国保证金业务网上办理、预约挂号等配套服务。三是支持工业电商。为工业企业与互联网融合做好金融支持,提供入驻银行电商平台、信贷支持、银企系统对接等金融服务。如,工商银行浙江省分行推出"工银聚"网络金融服务平台,为工业企业提供搭建上下游采购销系统等服务。

(四)形成"三大电商金融品牌",与本行要素禀赋紧密结合

一是工行浙江省分行"融e购跨境馆"。作为跨境电商交易的综合性平台,由工行浙江省分行负责运营。截至2016年末,融e购跨境馆已上线法国、德国、西班牙以及杭州跨境专区等20家跨境馆,其中落地杭州12家。2016年,杭州当地跨境馆实现交易4.76万笔,成交客户数3.85万人次。二是杭州银行社区电商平台"e+生活圈"。重点为社区居民提供线上购物服务,并且纳入汽车票购买、手机线上租赁、综合积分兑换等特色服务。截至2016年末,平

台注册用户已达 10.3 万人,发展商户 300 余家。三是省农信联社农村电商平台"丰收购"。由省农信联社自主开发,依托线下 2 万多家农信服务点,定位为农产品专业电商,重点支持农村电商创业和农村居民电商消费。截至 2016 年末,已发展用户 97.6 万人,全年消费额超过 3000 万元。此外,省农信联社试点"丰收家"O2O 电商平台,定位为打造农村休闲旅游的服务平台,已经上线农家乐、民宿民宅、景点门票等模块。

三、存在问题和瓶颈

银行业开展电商金融业务具有资金成本低、金融服务全、系统支持强等优势,近年来发展迅速,在金融服务尤其是支付结算方面对电商产业发展给予了有力支撑。但银行业在这一领域仍处于起步阶段,整体规模较小,面临着蚂蚁金服、京东金融等电商生态系统内金融服务平台以及网络借贷等互联网金融公司的激烈竞争。同时,从银行业自身角度来看,还存在如下问题。

(一)风控措施的有效性不足

电商企业普遍具有轻资产、缺乏抵押物的特征,与银行业传统的服务准入标准有很大差异。金融服务的基础在于全面掌握能够反映电商企业经营状况的相关数据,但存在三个制约因素。一是电商企业数据获取难。银行机构在服务电商企业时存在显著的信息不对称,授信所需的关键数据往往集中在电商平台、物流企业、第三方支付等主体中。尤其是"刷单"等现象客观存在,导致银行机构依靠公开数据很难准确掌握和判断商家真实经营状况和风险特征。二是信用信息不健全。除了银行业等传统金融机构外,中小电商企业往往也通过 P2P 网贷等互联网金融机构进行融资。由于银行机构无法了解相关融资信息,可能产生"过度融资"等问题,放大银行机构业务风险。三是工业电商、农村电商的数据获取更加困难。如,与普通电商企业相比,工业电商等信息更加封闭,导致银行业对相关电商企业的支持比较薄弱,辖内农村电商、工业电商融资余额仅占总量的不到 10%。

（二）产品设计的针对性不足

一是线下环节较多。电商贷款等产品仍存在较多人工干预事项，无法实现批量化自动处理，增加服务成本，影响用户体验。如，电商贷款业务中，仍需要客户经理实地调查、签订合同。在营销环节上，很多银行机构仍主要通过线下的渠道，通过走访淘宝村、电商园区等集聚区获取电商客户。二是业务流程较长。电商企业往往需要在短时间内完成商品采购、包装、配送等工作，对金融服务时效性要求非常高。银行机构在业务受理、审批、放款过程中存在不够及时的问题，很难完全满足电商企业需求。三是属地经营限制。银行机构往往局限于为自身辖区内企业提供金融服务，不符合电商企业不受地域限制、跨区域运营的特征。

（三）配套机制的完备性不足

银行机构在内部机构设置、人力资源配置等领域仍然偏向传统业务。一是人才储备不足。缺乏既熟悉电商领域法律法规、操作流程，又具备扎实的金融业务技能的复合型人才。二是专业系统建设不足。部分中小银行机构在系统建设上仍存在差距，在内外部系统、客户系统等设计、优化和改造方面还有待提升。此外，传统的监管规制与新兴互联网金融业态也存在一定的空白和不足。

四、相关政策建议

电商产业已经成为我省的万亿产业，银行业对电商的金融服务尤其是融资服务与电商产业的整体规模相比还较小，离专业化的电商金融还有一定的差距，总体上还具有很大的发展空间。

（一）推动银行业创新电商金融服务

在风险可控前提下，优化和改造业务流程，打造与电商企业运营特征相匹配的线上金融服务体系。积极探索供应链金融等金融服务模式，完善对电商企业的综合金融服务。引导分支机构积极引入总行重点产品,做好产品运作的本土化,与辖内电商企业金融服务需求更好结合;开发适合浙江电商企业发展特征的特色产品,更好地服务电商企业。积极整合能够反映电商企业运营状况、风险特征的多维度数据,包括经营数据、物流数据、政府部门数据等;加强与电商平台、金融科技公司等合作,注重通过合作提升自身的数据采集、筛选和分析能力。

(二)建议优化配套监管政策

一是建立健全对线上金融服务的监管政策,对电子合同、线上贷款等业务进行充分的研究评估,研究制定针对相关业务的监管政策,支持银行业在风险可控的前提下创新电商金融服务。二是优化外汇管理政策,简化收结汇所需材料要求,更好地支持中小跨境电商出口企业和经营户发展。三是适当放宽第三方支付公司与银行业金融机构在跨境支付合作方面的限制,促进银行业更好参与跨境电商支付结算。

(三)建议地方政府完善配套机制

建议成立电商产业风险补偿基金,缓解电商企业融资难问题,撬动电商产业更好发展。建立健全统一的电子商务信用信息平台,收集电商企业相关司法、税收、工商、环保、质检等信息,为电商企业获取金融服务提供支撑。

"一带一路"倡议下浙江上市公司海外布局研究

——基于上市公司海外并购的视角

浙江证监局

一、绪论

(一)问题提出

自 2013 年首次提出至今,"一带一路"倡议由早期的产能合作、消化国内过剩产能逐渐转向全面推进新一轮对外开放和全球经济合作,是新时代下我国完善开放性经济体系的重大决策,也是中国企业"走出去"进行海外布局的重要支点,肩负着通向人类命运共同体的历史使命。近年来,"一带一路"倡议在推动中国企业走出去方面起到了很强的政策助力。商务部公布的数据显示,2016 年中国企业对"一带一路"沿线国家直接投资 145.3 亿美元,占同期对外投资总额的 8.5%;中国企业对"一带一路"沿线国家的新签合同额为 1260.3 亿美元,占同期新签合同额的 51.6%。其中,浙江省参与"一带一路"建设的表现尤为突出。2016 年,浙江省在"一带一路"沿线国家投资项目 144 个,对外直接投资备案金额同比增长约 70%。"一带一路"倡议的提出给浙江企业的发展带来了千载难逢的机遇。

值得注意的是,在"一带一路"倡议大背景下,中国企业的跨境并购呈现直线增长态势。Dealogic 数据显示,2014—2016 年,中国企业对"一带一路"沿线国家的跨境并购达 230 起,合计交易金额 230 亿美元,并购规模超过 2007—

2013 年之和,占同期中国企业跨境并购总规模的 13%。其中,上市公司基于资本补充能力和多样化的支付手段等优势,成为海外并购的主力军,从并购案件数来看,由上市公司发起的海外并购占比接近六成。浙江以外向型经济著称,上市公司数量位居全国第二,"一带一路"倡议为浙江上市公司海外布局提供了重要的契机和更为广阔的平台。近年来,浙江上市公司海外并购次数出现快速增长,从 2014 年的 20 次上升至 2016 年的 54 次,增长幅度达到 170%。仅在 2017 年上半年,浙江上市公司共发生海外并购 25 起,涉及金额达 214 亿元,已经超过 2016 年全年 177 亿元。其中,均胜电子意向收购日本高田,美盛文化收购美国杰克仕太平洋在国内外引起巨大反响。那么,"一带一路"倡议将如何影响浙江上市公司海外布局呢?本文将从上市公司海外并购的视角就该问题进行理论和实证分析,这对浙江上市公司在"一带一路"倡议下更积极地融入全球经济具有现实意义。

(二)概念界定

海外并购。海外布局是指企业通过建立境外生产基地、销售渠道、并购海外公司等方式在境外推广业务。其中,海外并购是指一国企业为达到某种目的,买下另一国企业一定份额的股权甚至全部资产或股份,从而对后者的经营管理实施实际的或完全的控制。海外并购涉及两个或以上国家的企业,两个或以上国家的市场和两个或以上政府控制下的法律制度。

并购绩效。并购行为完成后,目标企业被纳入并购企业中并经过全面整合,实现并购初衷、产生效率的情况。并购绩效的测量方法包括股票市场数据测量法和财务数据测量法两类[①]。相比而言,股票市场表现更能体现投资者对公司海外并购的判断和预期,而财务数据则更能反映海外并购对公司生产经营的影响。此外,股票市场数据测量法一般用于测量短期并购绩效,而财务数据测量法则常被用于测量长期并购绩效。本文将同时使用股票市场数据和财务数据测量公司海外并购绩效。

上市公司。本文所述的上市公司是指在我国境内上市的公司,是其公开

---

① 顾露露,Reed Robert. 中国企业海外并购失败了吗[J]. 经济研究,2011(7).

发行的股票经过国务院或者国务院授权的证券管理部门批准在上海证券交易所或深圳证券交易所上市交易的股份有限公司。

(三)文献综述

"一带一路"沿线国家处于不同的经济发展阶段,资源禀赋结构和基础设施状况差异较大,这就为中国企业的转型升级提供了更为广阔的平台,也为其"走出去"提供了难得的发展机遇。海外投资作为企业"走出去"的主要方式之一,深受"一带一路"倡议的影响。郑新立[①]认为,"一带一路"倡议为扩大海外投资提供了重要的契机,如消化过剩产能;获得海外更多的能源、资源的勘探权、开发权;通过国际并购获得国外科技资源和营销网络,从而提升自主创新的能力和国际经营的能力;通过到海外设立研发机构,充分利用全球人才进行自主创新等。王欣[②]认为,我国企业海外并购的重心将发生转移,从以欧美为代表的发达国家转向中亚、东南亚、非洲等发展中国家;企业海外并购涉猎的范围越来越广,投资领域多样化,如化工业、航海业、娱乐影视业、游戏业等领域;企业并购主体在国有企业强势的基础上,民营企业也快速增长。杨茜[③]在研究家电制造企业海外发展战略时指出,企业应基于"一带一路"倡议,实现企业"实体走出去"。通常企业实现"实体走出去"的方式主要有三种:投资自建经营实体、以协作方式建厂以及海外并购。其中,企业通过海外并购便于快速获得本土化的经营能力和资源,具有同时进入多个目标国别市场的优势,但代价是投资额大,而且存在后期业务整合和跨文化融合等问题。具体而言,海外并购绩效表现如何,国内外研究文献主要有三种观点。

第一种观点认为,并购会对并购方绩效产生正面影响。Jensen 和 Ruback[④]的研究发现,并购行为可以为目标公司带来 4% 的超常收益率。

① 郑新立."一带一路"倡议与中国发展新机遇专题研究[J].中国井冈山干部学院学报,2017(5):17-18.

② 王欣.经济新常态下我国企业海外并购的推动因素分析[J].对外经贸,2017(4):61-62.

③ 杨茜,许茂增,张瑞.我国家电制造企业在发展中国家深化全球化战略的路径与对策——基于"一带一路"战略[J].商业经济研究,2016(10):94-96.

④ Jensen Michael,Ruback Richard. The Market for Corporate Control[J]. Journal of Financial Economics,1983,11:5-50.

Lichtenberg 和 Siegel[1]，Lichtenberg[2] 的研究表明，由于并购对目标公司的生产效率会产生正向影响，目标公司股东能够从这种影响中获得显著的正收益。Morck 和 Yeung[3]、Aguiar 和 Gopinath[4] 等认为美国的并购方公司可以在跨国并购中获取超额收益。

第二种观点却认为并购会对并购方绩效产生负面影响。Campa 和 Hemando[5] 对 1982—2008 年期间欧洲金融业的并购进行实证研究表明，跨国并购给并购方带来的股东回报是负的；Aybar 和 Fieiei[6] 则专门研究了新兴市场经济国家的公司在 1991—2004 年发起的跨国并购，结果发现：此类并购总体上并没有获得市场的积极评价，半数以上的交易都在破坏并购公司的市场价值。龚小凤[7]以 2001—2010 年间实施过跨国并购的 39 家企业为样本，采用功效系数法，将定性指标与定量指标相结合进行绩效评价，实证分析结果发现，仅 48.72% 左右的企业整合是成功的，若重视并购后的整合，可有效提高整合成功的概率。

第三种观点认为并购绩效表现是动态化的且受到诸多因素的影响。刘彦[8]研究发现我国上市公司在跨国并购当年绩效有着显著的提高，但是并购后的第一年和第二年出现了逐渐下滑的趋势。陈共荣和毛雯[9]以 2007—2009 年间发生的 52 起跨国并购事件为样本，利用因子分析法构建并购绩效综合评价体系，分析主并公司在并购前一年至并购后两年共四年间的绩效变化情况，采

---

① Lichtenberg F R，Siegel D，Jorgenson D，Mansfield E. Productivity and Changes in Ownership of Manufacturing Plants[J]. Brookings Papers on Economic Activity，1987(3)：643—683.

② Lichtenberg. Self-generated Stochastic Heating in an RF Discharge [R]. Annual Progress Report，May 14，1992.

③ Morck R，Yeung B. Internalization：An Event Study Test [J]. Journal of International Economics，1992，33(92)：41—56.

④ Aguiar M，Gopinath G. Fire-Sale Foreign Direct Investment and Liquidity Crises[J]. Review of Economics & Statistics，2005，87 (3)：439—452.

⑤ Campa J M，Hernando I. Una valoración de los procesos de fusión en el sector financiero europeo[M]. Boletín Económico，2006：91—102.

⑥ Aybar B，Fieiei A. Cross-border Acquisitions and Firm Value：An Analysis of Emerging-market Multinationals[J]. Journal of International Business Studies，2009，40(8)：1317—1338.

⑦ 龚小凤. 基于功效系数法的跨国并购整合绩效评价[J]. 统计与决策，2013 (3)：55—58.

⑧ 刘彦. 我国上市公司跨国并购绩效实证分析[J]. 商业研究，2011 (6)：106—111.

⑨ 陈共荣，毛雯. 我国上市公司跨国并购绩效的实证研究[J]. 求索，2011 (12)：29—31.

用多元线性回归模型实证检验发现:在并购当年公司绩效有较大上升,但随后开始逐渐下降,并购没有实质性提高公司的绩效;行业相关性、并购规模、国有股比例对跨国并购绩效影响显著。

可见,国内外关于企业海外并购绩效研究的文献较多,考虑到"一带一路"倡议背景下,中国企业海外投资与传统的直接对外投资有所区别,而当前鲜有海外并购绩效研究考虑到"一带一路"倡议对企业海外并购行为的影响。此外,浙江地处沿海,民营经济较为发达,上市公司数量居全国第二,文献中缺乏专门针对浙江上市公司海外并购绩效的研究。本文基于对"一带一路"倡议下浙江上市公司海外布局现状分析,研究"一带一路"倡议的推动对浙江上市公司海外并购绩效的影响,总结"一带一路"倡议下浙江上市公司海外布局的优势,最后提出相关决策建议。

二、"一带一路"倡议下浙江上市公司海外布局现状

(一)浙江上市公司发展现状

浙江作为传统经济强省,拥有丰富的上市公司储备,无论数量还是总市值均处于全国领先水平。又因为独特的经济结构,省内上市公司以民营企业为主,且经营效率显著高于全国平均水平。

1.上市公司数量及增速全国领先

截至 2017 年 9 月底,浙江省共有上市公司 396 家,仅次于广东省,位居全国第二,具体如表 1 所示。从分城市来看,杭州市以 115 家上市公司数量位居全国所有城市的第四位,仅次于北京、上海和深圳,是第四个拥有超百家上市公司的城市,宁波市以 62 家上市公司数量排名第九(见表 2)。全省各市均有上市公司分布,其中上市公司数量排名前三的城市(杭州、宁波、绍兴)的上市公司总数合计比例已超过全省的 60%。2017 年前三季度浙江省新增上市公司 69 家,占同期全国新增上市公司数量的近 20%,同样是仅次于广东省位列第二。如图 1 所示。

表 1 主要省份上市公司数量（截至 2017 年 9 月底） 单位：家

排名	省份	数量
1	广东省	548
2	浙江省	396
3	江苏省	364
4	北京市	303
5	上海市	266
6	山东省	172
7	四川省	110
8	福建省	107
9	湖北省	95
10	安徽省	93
	全国	3381

资料来源：Wind 资讯。

表 2 主要城市上市公司数量（截至 2017 年 9 月底） 单位：家

排名	城市	数量
1	北京市	303
2	深圳市	267
3	上海市	266
4	杭州市	115
5	苏州市	90
6	广州市	78
7	成都市	71
8	南京市	67
9	宁波市	62
10	无锡市	56

数据来源：Wind 资讯。

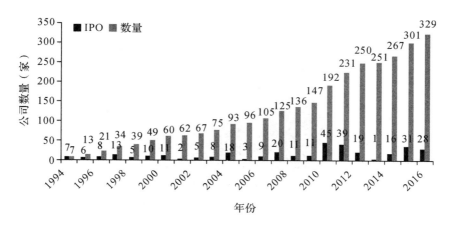

图1 浙江省历年IPO及上市公司数量

2.上市公司市值居于全国前列

如表3所示,截至2017年9月底,浙江上市公司股票市值总计为47618.73亿元,位居全国第四,占全国上市公司总市值的比例约为7.4%。浙江省上市公司总市值超过100亿元的共有133家,占全国数量的10.96%,其中市值最大的是海康威视,当时市值已经达到3200亿元,位居深圳中小板市场第一。因为浙江上市公司以民营企业为主,同时缺乏大市值的央企,浙江上市公司的平均市值约为120亿元,低于全国平均约190亿元的水平。从城市分布来看,杭州市上市公司总市值以18706.55亿元排名全国第四。从行业分布来看,市值排名前五的行业为计算机、化工、机械设备、医药生物和传媒,前五大行业总市值合计占比约为44%,具体如图2所示。

表3 主要省份上市公司市值(截至2017年9月底) 单位:亿元

排名	省份	总市值	平均市值
1	北京市	150465.72	533.57
2	广东省	83988.37	177.19
3	上海市	55652.26	230.92
4	浙江省	47618.73	120.25
5	江苏省	37584.49	118.56

数据来源:Wind资讯。

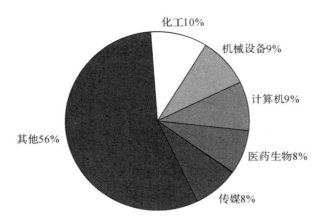

图 2　浙江上市公司行业分布情况（按上市公司市值）

数据来源：Wind 资讯。

3. 上市公司以民营居多、中小板为主

截至 2017 年 9 月底,在 396 家上市公司中,按照最终实际控制人的性质分类,其中国有企业 42 家,民营企业 354 家,民营上市公司占比高达 89.39%。截至 2017 年 9 月,浙江上市公司共有 227 家选择在深交所上市,占比 57.32%(见表 4)。上市板块方面,共有 146 家企业选择在深圳中小板上市,约占 36.87%;67家企业选择在深圳创业板上市,占比 16.92%。2017 年新股上市板块结构发生调整,在新上市的 69 家公司中,46 家选择在上交所主板上市,16 家选择在中小板上市,7 家选择在创业板上市(见图 3)。近年来,随着政策调整和上市步伐加速,更多的上市公司选择在上交所挂牌,而非以往的深交所。2017 年前三季度数据显示,深交所上市占比由去年的 62.39%,下降至今年前三季度的 57.32%。

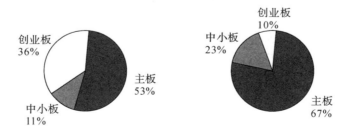

（a）2016年新增上市公司　　　（b）2017年新增上市公司

图 3　浙江上市公司 2016 年与 2017 年板块对比

表 4 浙江省上市板块数量分布(截至 2017 年 9 月底)

上市地点及板块	上市公司数(家)	占比(%)	总市值(亿元)	占比(%)	2017 年前三季度新增数(家)
上交所	169	42.68	18956.01	39.81	46
深交所	227	57.32	28662.72	60.19	23
其中:深圳主板	14	3.54	1939.32	4.72	0
中小板	146	36.87	17503.16	42.64	16
创业板	67	16.92	6352.50	15.48	7
合计	396	100.00	47618.73	100.00	69

行业分类方面,按照申万Ⅰ级行业分类,数量排名前五的行业分别为机械设备、医药生物、化工、电气设备和汽车,前五大行业上市公司数量占比 48%,具体如图 4 所示。

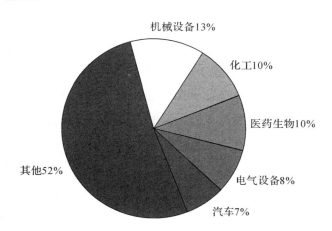

图 4 浙江上市公司行业分布情况(按上市公司数量)

数据来源:Wind 资讯。

4.上市公司盈利能力较强

上市公司半年报显示,2017 年上半年,浙江上市公司净利润约 707 亿元,同比增长 22%,如果剔除金融股的影响,则同比增长 24%,虽然较 2016 年的增速略有回落,但仍保持在较高水平,并明显高于 A 股平均的 20% 左右的水平,在全国所有省份中排名居前。分行业来看,浙江上市公司中,28 个申万 I 级行业中有 16 个行业净利润增速超过全国平均水平,其中化工(90%)、机械设备(50%)和电子(30%)的净利润增速排名前三。2016 年浙江上市公司的平均净资产收益率为 9.61%,比 2015 年上升了 0.68%,也比全国上市公司的平均净资产收益率高出三个百分点,显示了浙江经济的强大活力。

(二)"一带一路"倡议下浙江上市公司的海外布局

作为传统外向型经济大省,浙江省在对外贸易上尤其是对"一带一路"沿线国家的出口增长迅速。2016 年,浙江企业对巴基斯坦、埃及、伊拉克、孟加拉国等的出口增速均超过 17%,对沙特阿拉伯的出口更是增长了 24.7%。投资方面,2016 年浙江企业在"一带一路"沿线国家投资项目总计 144 个,对外直接投资备案金额约 75 亿美元,同比增长约 70%,占全省总的海外投资金额比重约 44%。

上市公司作为浙江优秀企业的排头兵,在"一带一路"的建设中更是发挥了重要作用。截至 2016 年底,329 家浙江上市公司中约 44 家以不同方式参与了"一带一路"建设。上市公司参与方式主要是产品出口、工程建设、设立制造基地或研发中心,合作地区覆盖了大部分"一带一路"沿线国家,以东南亚、南亚、欧洲地区为主,西亚以及独联体国家参与程度也在不断提升。参与"一带一路"建设的浙江上市公司,行业遍布了 28 个申万 I 级行业中的 14 个,其中机械设备、电气设备、化工等行业较为集中。

一系列重大项目在"一带一路"倡议的推进下加速落地。2017 年 3 月,恒逸石化与文莱能源局、经济发展局正式签署关于恒逸文莱大摩拉岛石油化工项目的实施协议,正式宣布文莱项目一期 34.45 亿美元的投资决定。二期计划已于 9 月签署谅解备忘录,拟投资 150 亿元,建设 2000 万吨/年炼油和乙烯项目。该项目是国家"一带一路"倡议在文莱的核心项目,是文莱 1984 年独立以来最大的外国投资项目,也是我国企业在文莱最大的投资项目。此外,中国巨石 16 亿元投资建设埃及玻璃纤维池窑拉丝生产线,正泰电器在"一带一路"沿线国家建成 200 多座地面光伏电站,健盛集团在越南投资 1.1 亿美元建设棉袜和印染类项目,浙江上市公司海外布局正在迅速推进。

（三）"一带一路"倡议下浙江上市公司的海外并购

在中国经济面临转型升级的新形势下，通过并购重组引进先进技术、设备和管理经验，加速产业升级换代，实现外向型发展的方式，已经受到越来越多企业的青睐。而上市公司受益于其便利的融资渠道以及较低的融资成本，更是并购市场上的主力军。随着国内企业国际化视野的不断拓展，通过海外并购来实现全球资源的优化配置已经成为越来越多上市公司的选择。而"一带一路"倡议的实施，也为上市公司开展海外并购提供了更多的便利。公开数据显示，2016年上市公司的海外并购数量达270多起，金额达700多亿美元，无论是数量上还是金额上都较2015年和2014年有数倍的爆发式增长。

浙江企业在海外并购方面一直走在全国前列，而且不乏成功案例。早在2010年就有吉利集团斥资18亿美元并购北欧知名车企沃尔沃的全球知名案例，通过对沃尔沃技术的消化和吸收，目前吉利集团已经成为国产乘用车领域的领军企业。同样是从2010年开始，浙江龙盛逐步收购破产的德国染料巨头德司达，经过三年的重组整合，到目前已经实现了每年1亿美元的盈利，也被称为经典的跨国并购案例。

而在"一带一路"倡议助力下，浙江上市公司在海外并购方面呈现继续加速的态势。根据Wind资讯统计的数据，2016年初到2017年上半年期间，浙江上市公司在海外并购方面，包括已完成、已签署转让协议、已发布董事会预案或者已经达成投资意向等各个阶段的项目，累计共有85个，涉及金额约280多亿元人民币。并购标的行业分布方面涵盖了机械、电子、医药和信息技术等30多个行业。而并购标的所在国家除了原本最热门的北美和西欧等地的发达国家以外，"一带一路"倡议带来了一个较大的变化，就是增加了包括以色列、新加坡、印尼和波兰等在内的"一带一路"沿线国家。

三、"一带一路"倡议与上市公司海外并购的关系分析

随着中国综合国力的提升、企业实力的增强，海外并购已经成为中国上

市公司高水平参与国际分工合作的一种重要方式。通过海外并购,中国上市公司能够从上游的自然资源端,到中游的设计、研发、服务等高端生产要素,再到下游的海外市场开拓和营销等多个维度获得快速的增强,从而提高中国企业在全球价值链上的地位,也会对上市公司自身的盈利能力提升产生积极作用。

(一)海外并购增强上市公司盈利能力

海外并购不仅可以实现企业经营规模的扩张、市场份额的增加、品牌影响力的提升,还可以实现生产资源、技术知识的整合,从而在此基础上进行系统的自主知识创新,持续地、"滚雪球"式地提升企业的盈利能力。(1)扩大生产经营规模,降低成本费用。通过海外并购,部分企业的经营规模得到扩大,能够形成有效的规模效应。规模效应能够带来资源的充分利用和充分整合,降低管理、原料、生产等各个环节的成本,从而降低总成本,提升企业的毛利率。(2)提高市场份额,提升行业战略地位。通过海外并购,企业能够有效地共享被并购企业的销售网络、客户资源,从而拓展国际市场,扩大市场份额,进一步提高行业集中度,提升企业的战略地位。(3)实施品牌经营战略,提高企业的知名度,以获取超额利润。品牌是价值的动力,同样的产品,甚至是同样的质量,名牌产品的价值远远高于普通产品。海外并购能够有效提高品牌知名度,提高企业产品的附加值,获得更多的利润。(4)获取生产资源,实现产业链一体化。通过海外并购,企业能够获取特殊的生产资源,如矿产、原油等,从而实现产业链上下游的一体化,降低原料成本以及生产成本。(5)取得先进的生产技术、管理经验、专业人才等各类资源。海外并购收购的不仅是企业的资产,还包括了收购企业的人力资源、管理资源、技术资源等。这些都有助于企业整体竞争力的根本提高,从而真正地提升企业的盈利能力。

(二)"一带一路"倡议有利于海外并购绩效提升

"一带一路"倡议相关政策的实施,会对国内上市公司进行海外并购产生多方面的影响。在资金保障上,"一带一路"倡议的推进所带来的资金融通使得国内公司海外投资的资金流动更为便利,同时国家开发银行和进出口银行等政策性银行为了支持"一带一路"建设也能为海外并购杠杆交易提供资金，大大提升国内上市公司海外并购的融资便利性。在项目资源可及性上，"一带一路"倡议的推进能加强我国与沿线国家政府间以及民间的沟通交流，构建多层次的交流机制，为国内企业与沿线国家企业间建立起互联互通的桥梁，从而为国内上市公司海外并购项目资源的对接提供现实基础。在审批通过率上，"一带一路"倡议的推进可以有效减少因为历史、文化和社会政策等方面的差异导致的障碍和摩擦，提高国内公司海外并购项目相关审批手续的推进效率，加速并购的进程。

综上，可以得到"一带一路"倡议影响上市公司海外并购的理论框架，如图 5 所示。

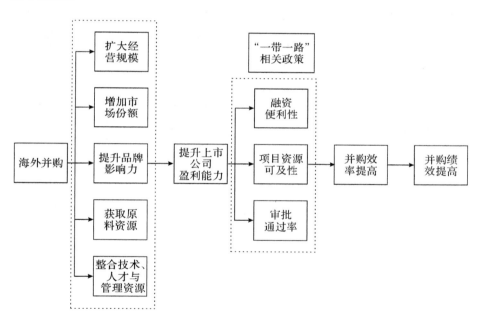

图 5 "一带一路"倡议影响上市公司海外并购的理论框架

四、"一带一路"倡议对浙江上市公司海外并购绩效的影响

(一)数据来源

以下研究"一带一路"倡议对浙江上市公司海外并购绩效的影响,以 2006—2017 年 9 月期间浙江上市公司的海外并购为样本。样本时间范围由本文研究进行时可得的数据范围决定,样本数据来自 Wind 资讯和国泰安 CSMAR 数据库。样本按照如下标准进行筛选:(1)浙江上市公司为并购方;(2)非中国企业为并购标的;(3)只包含已公告的并购事件;(4)剔除并购公告信息较少,导致事件分析数不足的事件。经过筛选得到的样本包括 88 家浙江上市公司的 159 个海外并购事件。表 5 为样本分类统计分析,其中并购方所在行业以申万 I 级行业为标准进行分类。

表 5　样本分类统计分析

按并购方所在行业	样本数 (家)	百分比 (%)	按并购年份	样本数 (家)	百分比 (%)
机械设备	21	13.21	2006	1	0.63
汽车	19	11.95	2007	3	1.89
医药生物	18	11.32	2008	0	0.00
化工	15	9.43	2009	1	0.63
纺织服装	14	8.81	2010	2	1.26
计算机	10	6.29	2011	2	1.26
电气设备	9	5.66	2012	3	1.89
传媒	8	5.03	2013	9	5.66
有色金属	7	4.40	2014	27	16.98
电子	6	3.77	2015	35	22.01
通信	5	3.14	2016	39	24.52
房地产	3	1.89	2017	37	23.27

按并购方所在行业	样本数（家）	百分比（%）	按并购年份	样本数（家）	百分比（%）
农林牧渔	3	1.89			
其他	21	13.21			
合计	159	100.00	合计	159	100.00

数据来源：Wind 资讯、国泰安 CSMAR 数据库、作者整理。

（二）变量设计与模型构建

被解释变量为并购方的累计超额收益率和后一年净资产收益率。并购绩效的测量方法包括股票市场数据测量法和财务数据测量法两类。相比而言，股票市场表现更能体现投资者对公司海外并购的判断和预期，而财务数据则更能反映海外并购对公司生产经营的影响。与此同时，股票市场数据测量法一般用于测量短期并购绩效，而财务数据测量法则常被用于测量长期并购绩效。本节将同时使用股票市场数据和财务数据测量公司海外并购绩效，其中股票市场数据选用累计超额收益率（CAR）作为衡量，即公告日前 1 天至后 1 天的平均累计超额收益率，而财务数据则采用公司并购后一年净资产收益率（ROE）作为衡量。

解释变量为"一带一路"倡议下的海外并购行为。根据前文研究，公司海外并购有助于提升上市公司盈利能力，而在"一带一路"倡议下的海外并购在融资便利、并购资源和审批效率上更有优势，因此有助于并购绩效的进一步提高。根据海外并购情况对相关公司海外并购行为进行了赋值，如果公司并购对象所在地为"一带一路"倡议合作国，且并购发生在"一带一路"倡议提出后，则认为公司存在"一带一路"倡议下的海外并购行为，赋值为 1，如果公司并购对象所在地非"一带一路"倡议合作国，或并购发生在"一带一路"倡议提出前，则认为公司不存在"一带一路"倡议下的海外并购行为，赋值为 0。

同时参考已有的相关文献[1]，引入了其他可能影响企业并购绩效的控制变量，包括并购规模（MA_SI）、公司规模（lnASSET）、资产负债率（LEVB）、公司市盈率（PE）、公司成立年龄（AGE）。表 6 总结了上述变量的定义、衡量方法和数据来源。

表 6　变量定义

变量符号	变量含义、衡量方法	数据来源
ROE	后一年净资产收益率，公司并购后一年净资产收益率。	国泰安 CSMAR
CAR	累计超额收益率，公告日前 1 天至后 1 天的平均累计超额收益率。	Wind 资讯
MA_BR	"一带一路"倡议下的海外并购行为。如果公司存在"一带一路"倡议下的海外并购行为，则赋值为 1，反之，则赋值为 0。	Wind 资讯
MA_SI	并购规模，当次对被并购方的并购比例。	Wind 资讯
lnASSET	公司规模，公司资产总额的自然对数。	国泰安 CSMAR
LEVB	公司资产负债率，负债总额/资产总额。	国泰安 CSMAR
PE	公司市盈率/100，(每股市价/每股盈利)/100。	国泰安 CSMAR
AGE	公司成立年龄，公司成立年数/100。	国泰安 CSMAR

根据上文所述，构建如下多元回归模型：

$$模型 1：ROE = \beta_0 + \beta_1 MA\_BR + \sum_{i=2}^{M} \beta_1 CONTROLs + \varepsilon$$

$$模型 2：CAR = \beta_0 + \beta_1 MA\_BR + \sum_{i=2}^{M} \beta_i CONTROLs + \varepsilon$$

模型 1 检验"一带一路"倡议对公司以股票市场数据测量法衡量的海外并购业绩的影响，模型 2 检验"一带一路"倡议对公司以财务数据测量法衡量的海外并购业绩的影响。其中，ROE 为被解释变量后一年净资产收益率；GAR 为被解释变量累计超额收益率；MA_BR 为解释变量"一带一路"倡议下的海外

---

① Chen Y, Young M. Cross-Border Mergers and Acquisitions by Chinese Listed Companies: A Principal-Principal Perspective[J]. Asia Pacific Journal of Management, 2010, 27(3): 523－539.

并购行为;CONTROLs 为模型的控制变量;β_0 为截距项;β_1 为解释变量的回归系数;$\beta_i(i=2,3,\cdots,N)$ 为控制变量的回归系数。

(三)实证检验

表 7 为所有变量的描述性统计分析。其中累计超额收益率(CAR),即并购公告日前 1 天至后 1 天的平均累计超额收益率,最小值为 -0.109,最大值为 0.116,均值为 0.001,表明浙江上市公司海外并购事件在公告窗口期内有正平均回报。并购后一年净资产收益率(ROE)最小值为 -0.238,最大值为 0.482,均值为 0.085,表明浙江上市公司在海外并购后平均保有正盈利能力。并购规模(MA_SI),即当次并购方对被并购方的并购比例,最小值为 0.01,最大值为 1,均值为 0.609,表明浙江上市公司海外并购大多涉及被并购公司的控制权转移。其他变量中,公司规模(lnASSET)均值为 9.596,公司资产负债率(LEVB)均值为 0.399,公司市盈率(PE)均值为 0.787,公司成立年龄(AGE)均值为 0.159。

表 7　描述性统计分析

	均值	标准差	最小值	最大值	样本数
ROE	0.085	0.095	-0.238	0.482	83
CAR	0.001	0.049	-0.109	0.116	159
MA_BR	0.138	0.345	0.000	1.000	159
MA_SI	0.609	0.373	0.010	1.000	147
lnASSET	9.596	0.550	7.856	11.097	158
LEVB	0.399	0.198	0.000	0.813	159
PE	0.787	2.325	-21.591	7.029	153
AGE	0.159	0.049	0.070	0.290	159

数据来源:Wind 资讯、国泰安 CSMAR 数据库、作者整理。

表 8 为多元回归分析结果。在传统最小二乘法回归的基础上,使用逐步回归的方法对模型进行了优化。与传统方法相比,逐步回归法筛选并剔除引起多重共线性的变量,保证解释变量对回归模型贡献最大的解释水平。分析

结果显示,"一带一路"倡议下的海外并购行为虚拟变量的系数均为正,且模型1中系数在 10% 的水平上显著,模型 2 中系数在 5% 的水平上显著。这表明在"一带一路"倡议下,浙江上市公司海外并购绩效有明显的提升,具体表现在并购后一年净资产收益率升高和并购公告日前后上市公司股票价格上涨。控制变量方面,资产规模与净资产收益率具有显著正相关关系,与累计超额收益率具有显著负相关关系;市盈率与净资产收益率和累计超额收益率均具有显著负相关关系;公司年龄与累计超额收益率具有显著负相关关系。

表 8 多元回归分析结果

	模型 1	模型 1	模型 2	模型 2
MA_BR	0.111*	0.012*	0.199**	0.018**
	(1.65)	(1.67)	(2.03)	(1.99)
MA_SI	−0.32		0.008	
	(−1.19)		(0.66)	
lnASSET	0.010*	0.017*	−0.013*	−0.009*
	(1.74)	(1.87)	(−1.76)	(−1.66)
LEVB	0.065		0.005	
	(1.01)		(0.28)	
PE	−0.20***	−0.019***	−0.021*	−0.010*
	(−3.46)	(−3.58)	(−1.88)	(−1.68)
AGE	0.182		−0.154*	−0.124*
	(0.89)		(−1.66)	(−1.52)
CONSTANT	−0.030		0.139	
	(−0.13)		(0.14)	
逐步回归	NO	YES	NO	YES
N	74	81	142	153
R^2	0.22	0.18	0.13	0.11

注:括号中为 t 值,* 表示 10% 的水平下显著,** 表示 5% 的水平下显著,*** 表示 1% 水平下显著。

数据来源:Wind 资讯、国泰安 CSMAR 数据库、作者整理。

五、"一带一路"倡议下浙江上市公司海外布局的优势

浙江作为我国经济率先发展、转型走在前列的东部沿海发达省份,在"一带一路"中扮演着不可或缺的角色。浙江上市公司应结合本地开放程度高、经济实力强、辐射带动作用大的特征,充分发挥在地缘、产业、资本、人才、经营管理等方面的优势,加大科技创新力度,创新开放体制,形成参与和引领国际经济合作新优势。同时,浙江上市公司还应树立全球战略视野和战略目光,利用宁波、舟山等地的港口优势和海洋资源打造好"海上浙江",利用浙江本土的产业优势打造好"陆上浙江",利用遍布全球的浙商网络打造好"海外浙江",积极拓展"一带一路"倡议沿线国家的市场,提升与"一带一路"沿线国家的双边经济技术合作水平,成为"一带一路"建设的排头兵和主力军。

(一)连接东西、辐射南北的地理优势

浙江地处中国东南沿海、长江三角洲南翼,拥有全球知名的义乌国际采购中心、货物吞吐量连续八年蝉联世界第一的宁波—舟山港,是长江黄金水道和南北海运大通道构成的 T 形宏观格局中的交汇地带,具有连接东西、辐射南北的区位优势。浙江上市公司也天然具有了其他企业无法比拟的地理优势和区位优势,其与"一带一路"沿线国家在陆地及海洋交通联系源远流长,极大地促进了经济、文化的交融。随着联系紧密程度的提升,地理空间优势可以逐渐转换为经济空间网络优势,成为海外布局、海外并购的特别优势。比如以宁波港为代表的上市公司紧抓"一带一路"这一战略时机,充分利用自身地理资源优势,有效整合宁波港和舟山港,很好地实现两港优势互补,充分发挥宁波港资金优势、管理优势和国际影响力,有效挖掘舟山港的资源优势和发展潜力,形成"1+1>2"的整合效应。通过港口资源的合理整合,码头资源配置得到优化,码头综合利用能力明显提升,给我国区域港群资源整合提供了良好范例,为"一带一路"相关公司之间的贸易提供了更好的海上服务平台。

（二）浙江上市公司多年来的外向优势

外向型是浙江经济和浙江上市公司最显著的特点。浙江上市公司的外向程度远高于全国其他省份，居于全国第一，具体如图 6 所示。浙江上市公司中，有海外业务收入的上市公司占比达到 73.7%，高于江苏省(70.3%)、广东省(67.2%)、上海市(55.4%)和北京市(51.5%)。而聚焦浙江上市公司主要分布的几个细分行业，机械设备、化工和电子行业中有海外业务收入的上市公司比例更是超过 90%(见表 9)。过去十多年，浙江上市公司走出去取得了不小的成就，如世纪华通收购海外知名游戏公司"点点互动"，通过整合全球化内容产业，带动世纪华通整体发展布局；亿帆医药收购 DHY 公司 53.8% 股权，获得先进的新药研发平台，大举进军生物创新药领域。如今，"一带一路"成为新一轮中国企业走出去的指南，带来新的发展机遇，浙江上市公司更容易发挥自己的外向型经济特征，在全球产业链中占据更高价值的先进制造业和服务业方面发挥更加重要的作用。

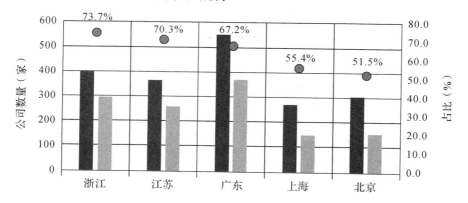

图 6　主要省份有海外业务收入的上市公司情况

数据来源：Wind 资讯。

表9　浙江上市公司主要分布行业外向程度

行业	上市公司总数（家）	有海外业务收入的上市公司数（家）	有海外业务收入的上市公司比例（%）	龙头企业
机械设备	54	50	92.59	中金环境、巨星科技等
化工	39	36	92.31	浙江龙盛、中国巨石等
电子	21	19	90.48	海康威视、大华股份等
汽车	34	30	88.24	均胜电子、世纪华通等
电气设备	29	23	79.31	正泰电器、福斯特等
医药生物	38	25	65.79	亿帆医药、华海药业等

数据来源：Wind资讯、作者整理。

（三）块状产业集群及细分冠军优势

浙江曾以"小狗经济"模式为人称道，并诞生了一批如汽车配件、化工原料等细分领域的隐形冠军企业和专精特新企业。随着经济格局不断演变，浙江开始以新理念、新机制、新载体推进产业集聚、产业创新和产业升级，在杭州、宁波、台州等地形成了各具特色的区域产业板块，带动块状经济向集群经济转型升级。台州作为国内股份合作制经济的起源地，发展后劲十足，秉承"并购一企、带回一批、带动一片"的经济转型思路，上市公司通过延伸产业链、控制优质资源、布局多元化产业等方式，形成了高铁产业链、水泵产业链、密封条产业链等颇具特色的产业集群。如表10所示。目前正在积极打造无人机小镇、汽车特色小镇等，以特色小镇作为推动区域经济的重要载体，为上市公司发展营造良好的市场环境。而杭州更是在我国经济结构转型升级中搭上了"信息高铁"，形成了一批以阿里巴巴为代表的国际优秀互联网企业，拥有完整的跨境电商产业链，目前杭州信息化发展指数已位居全国第一。跨境电商合作通过发展网上贸易，为"一带一路"倡议注入新的内容，一条"网上丝绸之路"正在逐渐展开。以杭州上市公司为代表的相关企业正在加快申报"一带一路"物流信息互联互通合作项目，推进陆、港、空信息交换，搭建面向东盟的跨境贸易电商服务平台。

表 10　浙江上市公司部分细分行业龙头企业　　　　　　单位:亿元

公司名称	所属行业	所属地区	细分行业	目前市值
杭叉集团	机械设备	杭州	内燃叉车、电动叉车	111
浙江龙盛	化工	绍兴	染料、助剂、中间体	347
中国巨石	化工	嘉兴	玻璃纤维、复合材料	403
海康威视	电子	杭州	视频监控及存储控制	3460
恒生电子	计算机	杭州	证券、期货软件开发	303
均胜电子	汽车	宁波	汽车安全、车载互联系统	348
正泰电器	电气设备	温州	低压电器、配电电器	556
新和成	医药生物	绍兴	维生素 E、维生素 A	390
申通快递	交通运输	台州	货运物流、快递服务	370
老板电器	家用电器	杭州	燃气灶、吸油烟机	432
伟星股份	纺织服装	台州	纽扣、拉链、服装辅料	62
华策影视	传媒	杭州	电视剧、综艺节目	173

数据来源:Wind 资讯、作者整理。

(四)政策、资本和人才优势

浙江目前正在实施"凤凰计划",拟以上市公司为平台、以并购重组为手段,带动做强产业链,做深价值链。计划到 2020 年,全省上市公司累计并购达到 1000 起,金额达到 4000 亿元以上。这是深入落实党的十九大精神,推动供给侧结构性改革、加快实现"腾笼换鸟""凤凰涅槃"的重要抓手。为此,各级政府出台政策积极支持上市公司进行海外并购和海外布局,要求为海外并购提供绿色通道和便利服务。2016 年,浙江省 GDP 达到 4.65 万亿元,同比增幅 7.5%,居全国第四,过硬的地方财政实力和上市公司资本实力为落实"一带一路"倡议提供了良好的经济保障。以"四千精神"为代表的浙江企业家开创了草根创业的经济奇迹,也更具全球视野和市场意识,其走出去与跨国公司打交道的经验非常丰富。浙江有 200 万浙商在境外投资创业,其中"一带一路"沿线是浙籍华人华侨的聚集地区,也是浙商分布较为集中的区域,构建了内外互动、联接世界的信息网、资金网和商会网,汇聚了异常丰富活跃的统战资源,为浙江上市公司参与"一带一路"建设提供了非常有利的条件。综上,浙江上市公司更能充分利用政策、资本、人才和经验优势做好海外并购和海外布局。

六、"一带一路"倡议下浙江上市公司海外布局的建议

"一带一路"倡议为浙江上市公司走出去进行海外布局提供了难得的契机,但也充满了挑战。"一带一路"沿线国家的政治、经济、文化和法律制度存在巨大差异,浙江上市公司走出去时必须高度重视防范风险,提高海外利益的保障能力,丰富合作形式,创新合作机制,实现与当地社会、文化、法治的良性融合。本文研究结合浙江上市公司的优势和特点提出以下决策建议。

(一)加强科学规划,发挥地理优势,做好信息服务

做好顶层设计和总体规划,坚持上下联动、部门联手、内外联通,由相关机构研究制定"一带一路"倡议下的浙江企业海外布局战略规划,力求既能深度衔接"一带一路"倡议,又能紧扣浙江经济供给侧改革和转型升级。同时,加强对浙江上市公司在"一带一路"国家重点产业、重点企业、重点项目、重点区域实施指导,有序引导海外并购和海外布局顺利实施。发挥浙江上市公司地理优势,对"一带一路"沿线国家和市场进行分类并确定布局策略,如对高科技发达国家以色列、新加坡等,采取"引进技术、取人所长、为我所用"的策略,并购产业链核心企业,沿着产业链前后整合,提高产品系列化水平和行业地位;对中亚五国、南亚等资源型发展中国家,要采取积极参与其基础设施建设、积极获取其矿产资源并培育消费市场的策略;对中东欧十六国等中等发达国家要取长补短、互通有无,借助并购进入全球终端配套体系,避开贸易保护,获取相关企业的品牌和市场网络。"一带一路"沿线各国法律文化不同、经济发展水平各异,要推动省内科研机构加强对沿线国家政治、经济、文化、产业等领域的分析研究,重点关注能与浙江特色产业经济产生互补的领域,确定未来浙江"一带一路"倡议重点推进方向。同时,加大对"浙江智造"宣传力度,组织上市公司赴"一带一路"国家考察,发布投资合作指南,搭建合作信息平台,推动信息资源共享。

(二)发挥外向优势产业优势,不断做大"一带一路"沿线市场

十多年来,浙江上市公司发挥外向经济优势,积累了丰富的、成熟的海外管理经验,具备了进一步走出去进行海外布局的能力。"一带一路"沿线国家总人口近 50 亿人,经济总量约 39 万亿美元,蕴含了巨大的经济发展潜力。浙江上市公司有能力帮助沿线国家和地区建设道路、桥梁、港口等基础设施,并利用产业集群优势和细分行业龙头优势推动汽车、化工、电力、高铁配套、家用电器等产业的发展,扩大海外业务收入比重,更好地顺应企业走出去和多元化发展的需要。同时,要提升企业创新能力。"一带一路"建设实施,必将引发不同国家的区域发展模式、产业战略选择、经济技术路径、区域间合作方式等创新。在克服"水土不服"、适应不同国家和区域环境的同时,浙江上市公司可通过学习借鉴海外成功企业的经验,推动企业发展模式、产业战略、技术路径的改革和创新,不断做大"一带一路"沿线市场。结合目前"一带一路"倡议中率先出海的央企、国企等大型企业的现状,浙江上市公司可进一步发挥其机制灵活优势,创新商业模式,积极与大型央企合作。此外,建议政府对浙江上市公司参与的大型海外投资项目和高端产业或高端技术并购项目,通过设立政府专项资金等措施予以支持。

(三)建立健全政策协调机制,推动金融对海外布局的支持

实现海外布局进行海外并购离不开高效决策和稳定的资金渠道。实地调研中,企业普遍反映存在投资资金出海困难、贸易货款安全性不强以及海外项目融资难等问题。建议建立企业"走出去"绿色通道,依法放宽对贷款、海外融资、人员出入境、进出口经营权等方面的限制。将单个上市公司海外投资行为纳入"一带一路"倡议整体决策中,以此争取到外汇管理局的审批;鼓励企业与中信保等保险机构合作以保障海外贸易的回款安全;鼓励银行、私募股权基金等各类金融机构向企业提供以海外项目为主体的融资渠道;引导无海外并购经验的上市公司抱团投资,成立针对不同区域、不同行业的专项基金进行海外布局,以多种形式和方式设立政府并购基金、产业引导基金助推上市公司海外并购。要结合开发性金融资源,加强产融深度合作。利用好丝路基金、亚洲基

础设施投资银行、国家开发银行等金融机构,以开发性金融的创新方式,为"一带一路"建设规划提供有力的资金支持。结合各自特点设计企业经营模式,共同打造产融结合的海外投资运营平台,充分发挥产融结合的优势,用好、用活、用足金融资源,创新金融对海外布局的支撑体系。

(四)充分利用政策、资本优势,以上市公司为平台凝聚浙江力量

浙江上市公司要充分利用好"凤凰计划"以及浙江省支持"一带一路"建设的各项政策红利,发挥上市公司资本实力强和支付手段多样化的优势,增强龙头带动作用,以上市公司为平台吸引和凝聚各方力量。浙江人素有冒险精神和市场精神,如今浙商的足迹早已遍布"一带一路"沿线国家,开创了一个又一个经济奇迹。在新的经济发展形势和多变的全球局势下,迫切需要浙江商人在更加广阔的范围内联合起来,发挥各自的经验并形成合力,抱团参与,把在国内已经运用较好的"模式"移植到沿线国家。借鉴国内工业园区发展经验,到沿线国家发展基础设施建设项目,让浙江上市公司整套产业能在当地落户,创造综合城市与工业功能的城区,以带动就业、打造高品质的居住生态环境。如中亚"鹏盛"工业园区就是温州民营企业"抱团"的投资,诸暨"大唐"模式也在非洲国家进行试验并取得一定效果。综上,走出去的浙江上市公司可凭借其雄厚实力形成平台,将"一带一路"沿线的浙江商人凝聚起来,增强浙商群体抵御风险的能力和市场影响力,摆脱小打小闹阶段,打造广阔无垠的"海外浙江"。

中国互联网金融资产交易中心发展报告

浙江互联网金融资产交易中心

一、互联网金融资产交易中心发展背景

(一)互联网金融发展理论与实践意义

1. 互联网金融发展理论

互联网金融是互联网企业和传统金融机构利用互联网技术和信息通信技术实现资金融通、支付、投资和信息中介服务等的新型金融业务模式,具有跨界混业经营、贯穿多层次市场体系、金融业态多、创新速度快、风险复杂多样等重要特性。

迄今为止,互联网金融研究文献主要集中在动因、业务模式、对传统金融的影响、风险控制与监管,以及进一步发展趋势等多个方面。在互联网金融动因理论中,主要包括长尾理论、信息经济学理论和声誉理论。同时,学术界对于互联网金融的认知也达成了一些共识,比如互联网金融的本质是金融,渠道是互联网,工具是云计算、大数据、人工智能与区块链等技术;目前正处于FinTech爆发初期,新技术和金融开始深度融合,金融科技逐渐走向成熟等。

2. 发展互联网金融的实践意义

积极发展互联网金融是当前国家加快实施创新驱动发展战略、促进经济结构转型升级的重要举措,对于提高中国金融服务的普惠性和效率,推动传统金融体制与资本市场改革开放,促进大众创业、万众创新等,均具有十分重要的现实意义。

(二)互联网金融发展现状

中国当前互联网金融市场基本格局主要由第三方支付、互联网理财、P2P网贷、众筹、互联网保险和互联网金融资产交易中心等构成。相比前面几种互联网金融业态，互联网金融资产交易中心可谓是后起之秀，属于互联网金融生态体系中比较新颖的一种业态。为金融资产特别是互联网金融资产创设交易机制与平台，实现金融资产基于互联网与FinTech技术的更好的流动，是所有互联网金融资产交易中心的基本功能定位。2014年12月，网金社作为中国首家"互联网金融资产交易中心"挂牌成立。截至2017年第三季度，两年多时间内公开宣称自己为互联网金融资产交易中心的公司已达到6家。

(三)互联网金融资产交易中心的破题性探索

以网金社为代表的互联网金融资产交易中心立足市场信息中介市场定位、合规经营和FinTech创新技术，积极围绕以下几个方面展开实践性探索：一是坚持服务实体经济和发展普惠金融为导向；二是以合规审慎经营为前提；三是以提升风控能力为关键；四是以开放共赢合作为基础。例如，网金社与万铭金服、增信机构共同开发的"付税宝"产品以关税融资为切入点，有力支持了小微企业发展国际贸易业务，开发的"3TAN-DAS"系统方便了传统金融机构对优质资产的识别，降低了风控成本，提高了风控效率。

综上而言，互联网金融资产交易中心很可能成为有效破解中国互联网金融现存若干关键问题的先行者，其业已开展的市场实践经验值得我们认真总结、学习与推广。

二、互联网金融资产交易中心功能定位

(一)互联网金融资产交易中心功能定位

互联网金融资产交易中心立足开放性的互联网平台和FinTech技术，为各类金融资产(包含但不限于非标资产)提供专业风控管理与交易服务，不仅解决

互联网投资渠道和融资相关问题，也能促进 FinTech 资产生产与流通转让。

(二)互联网金融资产交易中心主要作用

(1)互联网金融资产交易所(中心)的发展是运用互联网工具盘活存量金融资产(特别是互联网金融资产)、增加其资产流动性的现实需要。由于采用分业监管，现阶段非标资产除了进行证券化、标准化来增强流动性之外，大多处于沉睡状态，特别是基于普惠金融生成的小额分散资产流动性供需矛盾非常突出。因此，依托金融科技和互联网为各类沉睡资产特别是普惠金融资产构建创新型交易平台，具有极大的现实意义。

(2)互联网金融资产交易所(中心)以交易为纽带促进互联网金融的互联互通。虽然一些 P2P 平台为投资人提供了债权转让等流动性安排，但交易的活跃度不够，跨平台的资产交易则更是空白。交易功能的缺乏，导致资产定价机制不健全，如投融双方无法践行风险溢价与"一价定律"，导致大多数投资者网络投资只能从平台背景、中介垫付能力、绝对名义收益率高低等方面筛选投资标的，而不是以项目与产品本身的信用品质与风险溢价特征为主要决策依据。

(3)与线下的金融资产交易所(中心)相比，互联网金融资产交易中心更有技术优势。互联网金融资产交易中心运用大数据、云计算为投资人匹配相应的资产，运用各种征信数据判断资产推荐机构、融资方的信用状况，并以线上服务大幅提高投资人与融资方信息匹配效率，解决其信息不对称痛点。

(4)互联网金融资产交易中心(平台)的健康发展有利于打破刚性兑付与传统信息中介盈利困难[①]。互联网金融资产交易平台定位于信息的中介方，不提供担保或者隐形担保，有利于打破 P2P 平台刚性兑付的窘境。

---

① P2P 发展过程中存在的突出问题包括：(一)刚性兑付。由于大多数 P2P 平台的投资人为自然人，风险识别和承受能力较差，所以虽然监管机构一再强调平台应该定位为信息中介方，不得提供担保，但绝大多数平台都以第三方机构担保、风险备付金、出现逾期平台收购相应债权及其他各种方式进行各种形式的担保，刚性兑付造成本来就盈利困难的 P2P 平台更难持续经营。(二)高风险。为了吸纳资金，P2P 平台给投资人提供高收益诱惑，目前大多数平台年化收益在 10%～18%乃至更高，高收益导致融资方借款成本高昂，在实体经济普遍不景气的情况下，增加了还款的难度，高收益带来的是高风险。(三)平台盈利困难。平台的信息中介定位导致其收入来源单一，造成平台盈利困难。(四)平台资金池及非法集资问题。

（5）有利于普通投资人的风险教育。不同于很多 P2P 的无底线竞争，目前各家互联网金融资产交易中心均具有较高的投资人准入门槛和风险管控要求，通过机构投资者或高起点合格投资人的专业性投融资示范，可以发挥市场化风险教育作用。

三、互联网金融资产交易中心发展形态

（一）互联网金融资产交易中心空间分布

网金社、连交所、开金网、百金交、天安金交中心与合众金交这 6 家互联网金融资产交易中心覆盖了中国东部沿海、北部和内陆西南部，大部分是中国经济高速发展及重点新开发地区。

（二）互联网金融资产交易中心战略定位

现有六家互联网金融资产交易平台的战略定位基本明晰，围绕着两大方面展开，其一是通过互联网手段解决非标金融资产交易问题，其二是实现资产与资金的连接，提供与金融资产交易相关的交易服务。但六家互联网金融资产交易平台的市场重心各有所重。如图 1 所示。

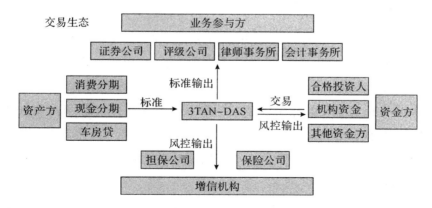

图 1　风险控制机制中"3TAN-DAS"的核心地位

例如,网金社的市场定位为"做 FinTech 资产的价值发现者,以公司强大的 IT、数据风控能力为 FinTech 资产方、资金方和增信机构提供互联网金融服务",借助其发起者蚂蚁金服与恒生电子的 IT 能力,在传统金融风控技术基础上注入大数据、云计算与人工智能,通过解决 FinTech 资产的信息不对称,对接资产与资金,以 3TAN-DAS 和付税宝这样的 FinTech 产品为典型代表。如图 2 所示。

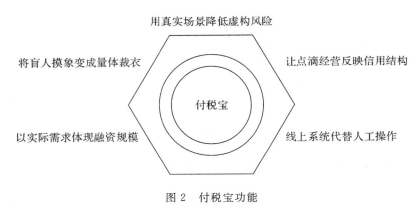

图 2　付税宝功能

(三)互联网金融资产交易中心与网贷区别显现

作为超越 P2P 网贷又区别于传统金交所的特殊存在,互联网金融资产交易中心在金融领域里承载着特殊使命,充当链接新金融与传统金融共生的纽带与桥梁,无论是促进金融共生发展还是助推实体经济发展,互联网金融资产交易中心的功能与作用日益增强,与常规网贷差异性日益显现。主要表现在:

1. 准入门槛不同

众所周知,监管政策出台之前,进入网贷行业的门槛较低,而现有的六家互联网金融资产交易中心均经各地人民政府批准,不仅对发起股东有较高要求,日常运营也受到明确监管,安全合规则成为开业前提。

2. 产品属性不同

首先,与网贷平台相比,金交中心的发行规模不会受限。网贷平台的借款余额上限有着明确规定,定调小额分散,而以网金社为代表的金交中心则对交易金额不作明确限制,产品的规模差距较大。其二,从产品期限上看,总体偏长,大多集中在 3~12 个月,而极少出现 P2P 网贷 1 个月内(包括 1 个月)的短期产品。第三,金交中心预期投资回报率年化 5%~7% 左右,交易产品多为优质资产,且采取多种机制加强对投资者的保护,风险水平已经大大低于网贷机构。第四,相对网贷平台单一的产品线,金交中心具备更丰富、更完善、更创新的产品体系。

3. 功能机制不同

尽管 P2P 网贷与互金金交所都能作为传统金融机构的补充,但后者一律为牌照金融(受地方政府监管),运行机制更为规范但同时又不失灵活性,对活跃地方金融发挥着更为重要的作用。并且,不同于 P2P 和传统的金融资产交易所,互联网金融资产交易中心能利用更多先进的 IT 技术和大数据技术承载更多的资产形态。

4. 受众群体不同

相较于网贷平台,互金金交所的受众群体更加广泛。从资金端来看,不仅可以有自然人,还包括机构及其他合格投资人,也就是说,机构投资用户可以购买交易平台的产品作为其资产配置的一部分。

5. 金融科技优势差异

作为 FinTech 资产生产商和交易商,互联网金融资产交易中心需要建设起基于大数据和云计算的强大的金融基础设施,包括身份识别与征信系统、风险控制与其他金融管理技术应用、共享账户与托管关系等。网金社、百金交和开金中心等就是 FinTech 技术开发需要强 IT 基础设施支持的强有力的证明。

四、互联网金融资产交易中心核心竞争力

(一)互联网金融资产交易中心竞争力要素

比照波特的五力竞争模型,就每个参与主体而言,现阶段互联网金融资产交易中心竞争力大小主要取决于以下五个方面:

第一,供应商,基本职能包括交易平台通用性基础设施供应及普惠金融的辅助与增值服务供应,再加上 FinTech 资产生成场景供应。

第二,购买者,对交易平台交易服务的最终需求方。具体包括原始借款人、投资人和互联网金融资产变现人。

第三,现有互联网金融资产交易中心之间的竞争关系,资源禀赋与金融科技能力决定了各个中心的行业竞争力。

第四,替代品威胁,这里替代品主要指互联网金融资产交易服务(含发行与流通或一二级市场交易)的替代品,包括 P2P 平台的债权资产转让服务、各地方资产交易中心与交易所提供的相关债权转让服务以及其他互联网金融机构提供的类债权交易服务。

第五,潜在进入者,这里主要包括转型中的 P2P,转型中的传统金融机构(如基于银行的互联网金融分支机构)以及监管层增发的新的互联网金融资产交易中心牌照。

概括而言,现阶段互联网金融资产交易中心之间的竞争落差部分来自于资源禀赋(如牌照与流量),虽然牌照(即法定许可的经营内容)几乎雷同,但流量或经营规模差异较大。鉴于互联网金融(普惠金融)需求的同质性和金融服务载体(工具或产品)形式上的趋同化,我们认为从动态看互联网金融资产交易中心竞争力的核心或关键要素,必将是各竞争主体的金融科技创造能力及其与之相关的风险控制实力。此外,互联网金融资产交易行业整体对资金提供方的吸引以及传统金融机构转型后的普惠金融参与也是驱动行业竞争加剧的重要力量。

(二)互联网金融资产交易中心 FinTech 赋能

1. 金融科技(FinTech)定义

目前没有标准的口径,但基本上认为是建立在互联网技术之上改进金融的服务及方式。在中国"网络官方"百度百科宣称,FinTech 是传统金融机构与互联网企业利用互联网技术和信息通信技术实现资金融通、支付、投资和信息中介服务的新型金融业务模式,是传统金融行业与互联网技术相结合的新兴领域。而在美国的"网络官方"维基百科的解读是,由使用技术提升金融服务效率的公司所组成的经济产业,金融科技公司的创立通常是为了去中介化,或是提高金融服务的信息化程度。

2.FinTech 的基本特点

FinTech 技术在很多方面区别于传统金融技术,而正是借助于这些技术特性,互联网金融交易中心可以采用更多的风控手段提高融资效率和降低交易成本,并开辟更多的应用场景。下面我们以区块链(blockchain)和人工智能技术为例,分析 FinTech 技术的特长或其应用场景。

一般来说,区块链具有"去中心化""防篡改""去信任""开放性""匿名性""隐私性""自动执行"和"简化运维"等重要特性。

人工智能技术与金融结合,形成所谓的智慧金融。它将产生 N 多高效率的互联网金融交易应用场景,具体包括但不限于资产获取、资产生成、资金对接和场景深入等交易流程的各个环节,以及在经营内容上覆盖智能风控、智能投顾、智能投研、智能支付、智能客服和智能营销等各个方面(见图 3)。

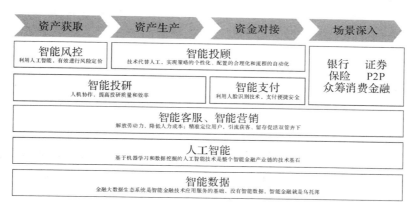

图 3　智能互联网金融资产交易应用场景

3.FinTech 技术赋能核心竞争力

在互联网金融交易进入 FinTech 时代,特别是进入基于大数据和所谓智能金融技术(AI FinTech)阶段,金融行业在服务广度、服务体验、服务效率三个方面正发生剧烈变化。互联网金融资产交易中心各参与主体的竞争力基本取决于它在这三个维度的技术开发实力。作为互联网金融资产交易中心,网金社发布了"3TAN-DAS"和"付税宝"等产品,在整个金融格局中已然扛起科技金融发展的旗帜,并将继续布局 FinTech 生态,通过 FinTech 红利,激活金融市场的创新与动力,持续强化对实体经济的供血能力,加速促进实体经济与金融的协同发展。

五、互联网金融资产交易中心风险控制

(一)互联网金融资产交易中心业务经营主要风险

就互联网金融资产交易中心而言,其日常经营风险主要包括合规风险、操作风险、IT 风险和市场及声誉风险等。

合规风险是指经营主体因不能满足或违反互联网金融法规与政策要求,或者因互联网金融法律法规不完善,导致经营主体在业务操作中无法可依、无规可循,从而造成经济损失的风险。对于互联网金融业务,不论是线上还是线下,都必须做好投资者适当性管理和保护投资者的利益。

操作风险是指平台内部操作失误、工作人员违规行为、系统运行缺陷或客户操作失误及客户欺诈(如客户冒用其他人申请,或者是客户本人申请提供的资料是假的)等不利事件而导致的直接或间接损失的风险。

基础设施与技术风险是互联网金融相比传统金融尤为突出的一种风险类型,由于其载体是开放性互联网与高密度的 IT 技术系统,硬件和软件均面临诸多交易压力与外部挑战。作为互联网金融资产交易中心,其首先必须面对的是网站的安全问题,应时刻防范病毒、木马、黑客的威胁和交易过载威胁,尽力确保用户信息和资金的安全。

其他风险包括市场风险、信用风险和声誉风险。

当前和未来隐含在互联网金融资产交易中心的关键风险点(除合规性外)主要包括以下三类:

首先,是平台自身对交易标的和交易主体的信用风险的识别技术与评价能力不足。

其次,是平台的物理基础设施及软件交易系统的脆弱性问题。

再次,平台风险管理机制缺陷导致操作风险事故频发可能是互联网金融资产交易中心日常面临的最主要的麻烦。

（二）互联网金融资产交易中心风险控制体系建设

1.合规性制度建设

合规与审慎经营是互联网金融资产交易中心的生命线，是公司可持续发展的前提。互联网金融是一个特殊行业，存在高风险性、强关联性和内在脆弱性等特点。从业机构要按照监管规则、整治要求和行业标准，加快建立客户身份识别、信息披露、投资者适当性管理、反洗钱等制度，切实提升网络和信息安全保障水平。

以网金社为例，其合规风险的基本控制架构为：

首先，建立起比较完整的行为规则或交易制度，这些行为规则以文档形式经网金社官网公开向外发布；

其次，对关键的资金、数据和隐私安全节点建立特别谨慎的管理要求与方法，具体包括资金安全、数据信息安全、隐私保护；

再次，网金社还设计并落实了一系列有利于保护投资人的操作细节，比如会员验证与测评。

2.信息系统基础架构建设

基于目前的宏观网络环境，为满足保障用户覆盖质量、网络畅通以及容灾切换能力等基本要求，互联网金融资产交易中心的信息系统基础架构一般都需要走云计算IT解决途径。目前云计算可以选择三种基本实现模式，即公有云、混合云和私有云。从成本与效率两个维度考虑，混合云可能是大多数平台当前的最佳选择。在混合云模式下，企业把最需要弹性收缩的部分、用户覆盖前端等部署到公有云，在其中形成私有网络，同时保留核心逻辑和数据在自主现有的数据中心，然后与公有云中的私有网络建立基于专线VPN模式的虚拟专有通道，实现业务前端和后端的安全通信。

3.信用风险控制能力建设

对一家以固定收益类FinTech资产开发与交易为主营业务的交易中心而言，其自身对互联网金融资产的信用评估能力是其在行业的立身之本。以网金社为例，其就信用评价能力进行了以大数据为基础的长期研究与深度开发，并成功推出了以"3TAN-DAS"为代表的拥有完全知识产权的消费金融动态风险控制模型,进而非常有效地提升了自身的信用风控能力。

4.操作风险的系统控制

操作风险是指由于不当或失败的内部流程、人员缺陷、系统缺陷或因外部事件导致直接或间接损失的可能性。这些风险因涉及面广、发生频率高而成为互联网金融行业所面临的主要风险之一。因此,有效防范操作风险是互联网金融资产交易中心的日常重要工作。

控制操作风险需坚持以下几个原则:一是采取适当的操作程序、合理的内部分工与授权结构及必要的内部审计;二是保证内部员工胜任其岗位职责与工作;三是基础设施及操作系统应具有处理意外事故的应急预案或对策,以保证关键性操作的持续性和交易信息记录的完整性;四是持续开展投资者风险教育工作,减少其盲目或错误操作频率。

六、未来展望

未来已经来临,而且开始流行。借助互联网金融资产交易中心实现金融资产的生产与流通终将变为流行甚或主导性业态。随着包含互联网金融监管体系在内的互联网金融经营环境的不断优化,结合互联网金融资产交易需求的持续增长和交易模式的日益成熟,互联网金融资产交易中心整体上将面临非常诱人的发展前景,具体可以用以下三个发展趋势来加以说明:

第一个趋势是未来互联网金融资产交易将围绕智能化、场景化和个性化三个维度向纵深推进;

第二个趋势是借助于重复博弈,互联网金融参与各方将建立更加广泛和深入的合作关系来分享普惠金融的利益与风险,其中互联网金融资产交易中心将充当链接各个交易利攸关者的桥梁与纽带,并很可能居于互联网金融利益链的中枢地位。

第三个趋势是不断降低金融服务成本,持续推进金融普惠化。

大 事 记

2017 年度杭州金融服务业大事记

1 月 4 日　三菱东京日联银行(中国)杭州分行筹备组组长榊原英之一行 3 人拜访市金融办,就该行筹备开业情况以及如何增进政、银、企合作等事宜进行了友好交谈。胡晓翔副主任向来访客人介绍了我市经济发展特点和金融生态环境,并表示将全力为该行立足开拓杭州市场提供地方政府应尽的服务。

1 月 17 日　杭州市金融办副主任俞伟英带队,赴桐庐县实地调研了康基医疗等 2 家企业,了解企业经营相关情况。之后,就桐庐县经济金融运行和地方金融工作相关情况,与桐庐县发改局进行了座谈交流,并开展了春节前为困难群众送温暖活动。

1 月 17 日　市金融办领导携浙商银行有关负责人一行共赴市金融办长年以来的重点结对帮扶对象之一的淳安县王阜乡金家岙村走访慰问。

1 月 24 日　根据市委组织部《关于切实做好当前党员春训冬训工作的通知》,市金融办党总支组织全体党员赴"五四宪法"历史资料陈列馆、中国共产党杭州历史馆开展专题教育活动。

2 月 8 日　杭州市政府与农业银行浙江省分行签署城中村改造暨小城镇环境综合整治战略合作协议。省委常委、市委书记赵一德,市委副书记俞东来出席。市长张鸿铭与省农行行长冯建龙签约并致辞。常务副市长马晓晖主持。

2 月 9 日　杭州市金融办召开钱塘江金融港湾推进情况专题会议,市金融办主任王越剑、金融事业发展中心负责人,以及相关县(市、区)、开发区金融办负责人参加。会上就目前钱塘江金融港湾建设项目推进情况进行了讨论,并对下一步工作作研究部署。

2 月 14 日　浙江省副省长朱从玖率调研组一行到萧山区调研钱塘江金融

港湾建设情况。市金融办主任王越剑陪同调研。

2 月 21 日　浙江省副省长朱从玖一行到拱墅区调研运河财富小镇建设工作。市金融办主任王越剑陪同调研。

2 月 28 日　浙江证监局召开辖区公司债券监管工作会议。

3 月 6 日　市委副书记、代市长徐立毅会见了 Ascential 集团会议展览首席执行官菲利普·托马斯一行。佟桂莉、陈新华、王宏会见时在座。菲利普·托马斯感谢杭州的热情接待。他表示，杭州在互联网金融领域有良好的发展基础和前景，Ascential 集团希望能够密切与杭州的交流合作，积极推动 Money20/20 金融科技创新博览大会在杭落户，助推杭州迈向世界名城。

3 月 10 日　杭州庆春路过江隧道项目资产支持计划在上海证券交易所成功发行，这是国家发改委、中国证监会联合发布的《关于推进传统基础设施领域政府和社会资本合作（PPP）项目资产证券化相关工作的通知》实施后全国首批发行的 PPP 项目资产证券化产品之一。

3 月 13 日　市金融人才协会会同相关单位，在浙江大学举办了小镇财富讲堂——走进高校活动。市金融办党组副书记、副主任俞伟英在活动中为与会人员解读了钱塘江金融港湾人才计划，以及金融人才评价、激励、服务等相关政策。

3 月 13 日　由浙江银监局和省司法厅指导、省银行业协会主办的浙江银行业人民调解委员会成立大会暨文明规范服务创建工作推进会在省人民大会堂隆重举行。

3 月 17 日　浙江证监局召开辖区证券期货经营机构监管工作座谈会。

3 月 29 日　全省召开金融工作电视电话会议，回顾总结 2016 年全省金融工作，研究部署 2017 年全省金融改革和重点工作任务。浙江省副省长朱从玖出席会议并讲话。杭州市政府党组成员陈新华、市金融办主任王越剑及相关部门负责人在杭州分会场参加会议。

3 月 30 日　浙江证监局召开辖区新上市公司监管工作会议。

3 月 31 日　浙江省公安厅、浙江银监局、宁波银监局、浙江省银行业协会在杭州召开浙江银行业联合惩戒失信行为暨"百日会战集中行动"推进会。

4 月 8 日　浙江省海外高层次人才联谊会第三次会员代表大会暨"国际人

才板"集中挂牌仪式在杭州未来科技城国际会议中心举行。同时,国际人才创新创业板上交所、深交所上市培育基地在杭州揭牌。

4月18日 浙江银监局组织召开2017年浙江小微金融服务推进会暨2016年度表彰(电视电话)会议。

4月21日 浙江银监局召开浙江银行业"治乱象、维秩序"工作(电视电话)会议。

4月22日 杭州市金融人才协会召开一届一次常务理事会,2016年度理事会员大会暨建言献策座谈会也同期举行。

4月24日 厦门市金融办一行来杭考察学习,杭州市金融办副主任胡晓翔予以接待并主持召开金融工作座谈会。

4月27日 浙江银监局召开2017年浙江银行业消费者权益保护工作会议暨高层指导委员会会议。

4月28日 2017全球区块链金融(杭州)峰会在G20峰会主会场——杭州奥体博览中心举行。此次峰会由杭州市人民政府、浙江大学、浙江省金融办、中国人民银行杭州中心支行以及浙江清华长三角研究院主办,由杭州市金融办、西湖区人民政府、浙江大学互联网金融研究院等承办。杭州市副市长陈新华、中国人民银行杭州中心支行行长徐子福、浙江大学校长助理胡炜、浙江省金融办副主任徐素荣、杭州市政府副秘书长李强煜、杭州市金融办主任王越剑、杭州市西湖区区委常委陈伟、之江国家旅游度假区管委会主任郑国梅、浙江清华长三角研究院副院长邵向荣等出席此次峰会。

4月28日 三菱东京日联银行杭州分行正式开业,省、市、区相关领导出席开业仪式。该银行成为入驻我市的第12家外资银行。

5月3日 推进钱塘江金融港湾建设联席会议召开第二次会议,会上审议推进钱塘江金融港湾建设联席会议相关工作职责和工作规划,讨论2017年推进钱塘江金融港湾建设主要任务及重点项目责任分解,研究部署下一阶段工作。副省长朱从玖、市长徐立毅出席并讲话。副市长陈新华、市金融办主任王越剑参加会议。

5月3日 浙江证监局与辖区三家会计师事务所天健、中汇和立信浙江分所签署《监管合作备忘录》。

5 月 4 日 杭州市金融办副主任俞伟英受邀到 2017 年杭州市人才工作者培训班讲课,全面解读了钱塘江金融港湾规划内容、省市相关政策,以及钱塘江金融港湾人才计划等方面的内容,并就未来杭州金融人才队伍建设的目标及相关举措进行了介绍。

5 月 8—12 日 上海证券交易所 2017 年第二期拟上市公司董事会秘书任职资格(总第 86 期)培训班在杭州成功举办。

5 月 10 日 钱塘江金融港湾教育联盟筹备会议在浙江工商大学召开。本次筹备会议由浙江省教育厅主办,目的是充分发挥省内高校、金融机构的特色和优势,通过互补性合作,为钱塘江金融港湾建设培养更多优秀金融人才。

5 月 11 日 杭州市证券期货纠纷巡回法庭在浙江证券业协会设立,这是全国首家专门针对证券期货民商事纠纷的巡回法庭。

5 月 16 日 省委常委、市委书记赵一德会见太平投资控股有限公司总经理吴松一行。许明、陈新华参加会见。市国土资源局、市金融办、市钱江新城管委会、江干区负责人与会。

5 月 18 日 杭州市金融办党组书记、主任王越剑带队赴萧山进化镇开展回访调研,实地走访三浦村便民服务中心等单位,召开工作座谈会,听取情况汇报,落实督办问题,并对下一步任务和工作进行部署。

5 月 23 日 市委常委、副市长姚峰会见中国电子信息产业集团有限公司资产经理部主任贾海英一行。上城区政府、市金融办、市经信委主要负责人与会。

5 月 31 日 浙江证监局公告命名恒生电子投资者教育基地等五家机构为浙江省首批证券期货投资者教育基地。

6 月 1 日 白沙泉并购金融街区在黄龙饭店珍珠厅举办首次政企交流会,省、市金融办和西湖区领导,六十多家入园企业聚在一起探讨交流,共商街区发展大计。

6 月 1 日 杭州市桐庐县长期护理保险试点正式启动失能评估工作,迈出了全省长期护理保险试点工作实质性的一步。

6 月 12 日 市委常委、副市长姚峰一行赴上城区玉皇山南基金小镇调研,指导小镇工作。上城区政府、市金融办负责人等陪同。

6月20日　市长徐立毅主持召开金融企业工作座谈会。他强调,要深入贯彻落实省市党代会决策部署,抓住钱塘江金融港湾建设的战略契机,紧扣转型升级主线,强化金融创新动力,优化金融生态,培育壮大金融产业,打造实体经济发展"助推器",加快把杭州建设成为财富管理中心和全国互联网金融创新中心。市委常委、副市长姚峰参加。

6月26日　浙商证券股份有限公司在上海证券交易所首发上市,成为浙江省首家上市券商。

6月29日　杭州市举行金融工作会议暨钱塘江金融港湾建设推进大会。市长徐立毅强调,加快建设钱塘江金融港湾核心平台,放大金融发展特色优势,创新金融发展模式,助推实体经济转型升级,全力把杭州打造成为国内领先、世界一流的新金融创新中心和财富管理中心。副市长陈新华、姚峰参加。

6月29日　杭州经济技术开发区注册设立杭州和达产业投资母基金,产业母基金总体规模规划为50亿元,拟引入社会资本200亿元左右,产业母基金聚焦高端装备制造、生物医药、新一代信息技术、新能源新材料以及高端服务业等重点产业。

6月30日　"钱塘江金融青年讲坛"暨浙江省金融青年志愿服务总队成立大会在杭州钱塘江畔召开。

6月30日　浙江省民政厅、浙江省财政厅、浙江省老龄办、浙江省残联联合印发了《关于全面推行养老服务机构综合保险工作的通知》。

7月1日　浙江保监局指导行业按照财政部、税务总局、保监会联合出台的《关于将商业健康保险个人所得税试点政策推广到全国范围实施的通知》(财税〔2017〕39号)要求,加强与财政税务等部门的协调配合,商业健康保险个人所得税试点政策在浙江省顺利实施。

7月3日　江干区人民政府与浙江大学互联网金融研究院签署合作协议,浙大互联网金融研究院产研中心正式落户江干区互联网产业大厦,双方将共建创新型新型金融产研基地。

7月11日　2017年度市金融办系统半年度工作会议召开,会议总结了上半年的工作成果,同时对下半年的工作进行部署。会议还邀请了市级相关职能部门和"一行三局"的领导,对金融工作进行指导。

7 月 13 日上午 市委常委、常务副市长戴建平一行赴拱墅区运河财富小镇调研，拱墅区政府负责人等陪同。

7 月 14 日 杭州市推进企业利用资本市场加快发展大会在之江饭店召开。副市长陈新华、姚峰出席。会议上，姚峰与上海证券交易所、深圳证券交易所、浙江股权交易中心负责人现场签署了《战略合作备忘录》。

7 月 14 日 由中国银行业协会、香港银行学会和金融时报社联合主办的"2017 两岸暨港澳银行业财富管理论坛"在杭州举行。

7 月 19 日 杭州市召开打击经济犯罪暨防范处置非法金融活动工作视频会议，贯彻落实第五次全国金融工作会议精神，总结经验，分析形势，部署任务。市委副书记、政法委书记马晓晖出席会议并讲话。副市长姚峰主持。

7 月 25 日 杭州经济技术开发区管委会与博将资本、Silicon Catalyst 机器智能"基金＋孵化器"合作签约仪式暨项目对接会举行。会上签订了机器智能产业基金合作协议和共建机器智能孵化器的合作协议。

7 月 27 日 杭州市政府与中国工商银行签订金融服务战略合作协议。市委副书记、市长徐立毅会见中国工商银行行长谷澍一行，并在签约仪式上致辞。副市长陈新华、中国工商银行总行公司业务部总经理崔勇分别代表双方签署战略合作协议。

8 月 22 日 "改革厉行 价值起舞——2017 上市公司价值投资、中国资产管理高峰论坛暨中国上市公司价值评选、英华奖中国私募基金 50 强、中国优秀券商资管机构评选颁奖典礼"在杭州举行。杭州市政府被授予"地方政府推动企业上市突出贡献奖"，这一奖项是资本市场对市政府工作的承认和肯定。市委常委、副市长姚峰出席并发表重要讲话。

8 月 23 日 中国青年文体创新创业基金正式启动，落户钱塘江金融城。该基金由中国青年创业就业基金会设立，基金规模 2 亿元，重点投向动漫影视、文化创意、体育赛事等领域，旨在扶持全国青年在文化体育产业的创新创业。

8 月 23 日 杭州市金融办党组书记、主任王越剑带队来到 FM89 杭州新闻广播电台，就钱塘江金融港湾规划建设情况接受"民情热线"的专访。

8 月 24 日 市金融办联合挖财网络技术有限公司，为进化镇平阳村的村民们建立起金融图书角,开展防范非法集资和金融知识普及讲座。市委常委、副市长姚峰为金融图书角揭牌。

8月29日 市委常委、副市长姚峰来市金融办考察调研,了解杭州金融发展情况和钱塘江金融港湾建设情况,指导市金融办的下一步工作。

8月31日 市政府召开"深化政金合作、精准服务实体"专题座谈会,深入了解在杭金融机构贯彻全国金融工作会议精神,支持地方实体经济发展情况,听取在杭金融机构对政府部门的意见和建议,以便进一步优化我市的金融生态环境,让实体经济得到更好的金融服务。市委常委、副市长姚峰,人行杭州中心支行副行长徐子福,浙江银监局、杭州市金融办等省市相关单位和部门,以及19家与市政府签订战略合作协议的在杭金融机构的相关负责人出席会议。

9月6日 创新中国2017年峰会暨DEMO CHINA大赛在杭州洲际酒店开幕。市委常委、副市长姚峰出席开幕式并致辞。

9月8日 浙江省委副书记、省长袁家军到浙江股权交易中心调研指导工作。朱从玖副省长、李卫宁秘书长一行6人陪同调研。袁省长听取了股交中心的专题工作汇报,肯定了股交中心过去五年发展取得的成绩和下阶段关于提升服务中小微企业能力、建设服务综合服务平台的工作思路。

9月16日 浙商产融控股有限公司正式揭牌,同时举行重大项目签约仪式,22个重大项目进行现场签约,投资总额达到931亿元,宣告浙商将融合产业资本和金融资本,合力助推中国经济转型升级。

9月19日 浙江上市公司2017年度第一期董事、监事培训班召开。

9月20日 江干区人大代表第二小组到市金融办定向视察,就推动杭州金融发展、钱塘江金融港湾建设等进行交流。

9月20日 由浙江银监局和浙江省教育厅、浙江省公安厅、杭州市人民政府、浙江广电集团联合主办的"浙江省防范和打击非法校园贷主题宣传月"活动在杭州电子科技大学正式启动。

9月21日 在第十一届(2017)杭州文化创意产业博览会上,杭州市文创投资引导基金与下城区创业创新投资引导基金签订战略合作框架协议,并宣布成立"杭州下城文创基金"。

9 月 22 日　浙江省副省长朱从玖一行调研玉皇山南基金小镇,并召开座谈会。上城区政府负责人等陪同调研。

9 月 22 日　浙江银监局联合省金融办召开浙江银行业普惠金融现场推进会。

10 月 9 日　浙江省召开企业上市和并购重组推进工作电视电话会议。省委副书记、省长袁家军出席并做重要讲话,副省长朱从玖主持会议。会上,省金融办发布《浙江省推进企业上市和并购重组"凤凰行动"计划》。到 2020 年,浙江力争境内外上市公司达到 700 家、重点拟上市企业 300 家,同时 60％以上上市公司开展并购重组,年均并购重组金额达到 800 亿元以上,进一步巩固提升浙江在资本市场上的全国领先地位,建设金融强省。

10 月 25 日　杭州市防范打击非法集资宣传活动在北山街道启动。活动由杭州市金融办、杭州市公安局经侦支队、每日商报社联合主办。

10 月 30 日　杭州市金融办召开全办人员会议,传达了市委常委会和全市领导干部会议要求,强调要把学习贯彻十九大精神作为当前和今后一个时期的首要政治任务。

10 月 31 日　杭州市召开上市公司座谈会。省委常委、市委书记赵一德做重要讲话,会议由姚峰副市长主持,陈新华副市长出席。人行杭州中心支行行长殷兴山、浙江证监局局长王宗成分别介绍货币政策和上市公司监管政策,省金融办主任张雁云和省上市公司协会负责人应邀出席。50 家上市公司主要负责人参加会议。

11 月 3 日　2017 杭州湾论坛在杭州国际博览中心开幕。市委书记赵一德致辞,徐立毅、于跃敏、潘家玮、盛阅春、许明、谢双成等出席。法国前总理德维尔潘,国家发改委原副主任、能源局原局长张国宝和清华大学国家金融研究院院长、国际货币基金组织前副总裁朱民在论坛上作主旨演讲。

11 月 10 日　由杭州市金融办指导、杭州经济技术开发区管委会主办,新三板智库与久银控股联合承办的"发展并购重组、助力实体经济"第三届中国新三板并购高峰论坛在杭州经济技术开发区举行。《2017 新三板并购蓝皮书》也于本次论坛首次发布。

11 月 10 日　深圳证券交易所党委书记、理事长吴利军同志一行来杭州调研,与省委常委、杭州市委书记赵一德,市委常委、杭州市副市长姚峰会见座谈,市金融办负责人等陪同。

11月15日 市委常委、副市长姚峰,市金融办主任王越剑一行赴余杭区调研金融工作,余杭区政府负责人等陪同。

11月23日 全省金融工作会议在杭召开。省委书记、省人大常委会主任车俊做重要讲话,省委副书记、省长袁家军主持。省委常委、秘书长陈金彪,副省长朱从玖出席。会上,省金融办、人行杭州中心支行、湖州市负责人作了交流发言。市领导徐立毅、姚峰在杭州分会场参加会议。

11月23日 国家开发银行浙江省分行沈财战副行长一行来市金融办座谈。

11月25日 斯坦福大学教授、1997年诺贝尔经济学奖获得者迈伦·斯科尔斯一行来杭州市金融办访问。

11月28日 市委常委、副市长姚峰调研走访诺尔康等拟上市企业,详细了解企业发展情况。市金融办主任王越剑等陪同。

11月28日 杭州市金融办、市国土资源局、市司法局、市民政局、市房管局联合印发了《杭州市住房反向抵押养老保险试点工作方案》,积极推动杭州市开展老年人住房反向抵押养老保险试点工作。

12月5—7日 由杭州市金融办副主任胡晓翔带队,市金融办一行7人赴广州和深圳学习调研。

12月6日 浙江保监局与省人力社保厅、省财政厅、省卫计委、省民政厅联合印发了《关于进一步完善大病保险制度的通知》。

12月11日 浙江证监局联合浙江证券业协会、浙江期货行业协会举办投资者保护(法制)宣传月启动仪式暨浙江首批省级投教基地授牌仪式。

12月12日 由杭州市人民政府和亚洲金融合作协会联合主办的首届亚太资产管理高峰论坛在钱塘江畔举行,本次论坛以"新时代资产管理的跨境合作与创新发展"为主题,深入探讨开放和创新中的资产管理。这也是亚洲金融合作协会成立后在国内主办的首场国际性论坛。

12月13日 上海证券交易所杭州服务基地启动仪式及首次培训在杭州市高新区(滨江)会展中心举行,杭州市委常委、副市长姚峰,上海证券交易所纪委书记管兴业,浙江证监局副局长俞峰,市金融办以及滨江区领导出席了启动仪式,参加活动的还有各区县金融办负责人、各区县新三板企业及拟上市企业。

12 月 13 日　浙江省人民政府办公厅印发《转发省安监局等部门关于在高危行业全面推进安全生产责任保险的通知》,在矿山、危险化学品、烟花爆竹、交通运输、建筑施工、民用爆炸物品、金属冶炼、渔业生产等高危行业领域全面推进安全生产责任保险。

12 月 16 日　以"新金融、新科技、新业态、大湾区"为主题的首届钱塘江论坛主论坛,在杭州举行。省委书记、省人大常委会主任车俊出席主论坛并致辞。省委副书记、省长袁家军,德国前总统、国际货币基金组织前总裁科勒,省委常委、杭州市委书记赵一德,中国科技大学常务副校长潘建伟作主旨演讲。首届钱塘江论坛主席团主席、中国—中东欧基金董事长姜建清作开题演讲。省、市领导陈金彪、朱从玖、徐立毅等出席。

12 月 18 日　省委常委、市委书记赵一德会见了国际货币基金组织秘书长林建海。市领导许明陪同会见。

12 月 20 日　由省金融办指导,市金融办、杭报集团主办的"助力凤凰行动·杭州市企业上市和并购重组交流会"在国大雷迪森酒店举行,近 200 家拟上市和有上市需求的企业参加此次会议。

机构名录

杭州市银行机构名录

（截至 2017 年 12 月 31 日）

序号	机构名称	机构地址	联系方式
1	国家开发银行浙江省分行	浙江省杭州市江干区城星路 69 号	0571－89778066
2	中国进出口银行浙江省分行	浙江省杭州市下城区教场路 18 号	13456780016
3	中国农业发展银行浙江省分行	浙江省杭州市下城区建国北路 283 号双牛大厦	0571－87299110
4	中国工商银行股份有限公司浙江省分行	浙江省杭州市上城区中河中路 150 号	0571－87336188
5	中国农业银行股份有限公司浙江省分行	浙江省杭州市江干区江锦路 100 号	0571－87226000
6	中国银行股份有限公司浙江省分行	浙江省杭州市凤起路 321 号	0571－87021384
7	中国建设银行股份有限公司浙江省分行	浙江省杭州市江干区解放东路 33 号	0571－85313228
8	交通银行股份有限公司浙江省分行	浙江省杭州市江干区四季青街道剧院路 1－39 号	0571－87073388
9	浙商银行股份有限公司	浙江省杭州市下城区庆春路 288 号	0571－87659676
10	浙商银行股份有限公司杭州分行	浙江省杭州市建国北路 736 号	0571－87330511
11	中信银行股份有限公司杭州分行	浙江省杭州市江干区四季青街道解放东路 9 号	0571－87032888
12	上海浦东发展银行股份有限公司杭州分行	浙江省杭州市上城区延安路 129 号	0571－87790119

续表

序号	机构名称	机构地址	联系方式
13	华夏银行股份有限公司杭州分行	浙江省杭州市江干区四季青街道香樟街 2 号泛海国际中心 2 幢 2－3 层、21－36 层	0571－87239110
14	招商银行股份有限公司杭州分行	浙江省杭州市杭大路 23 号	0571－85789028
15	广发银行股份有限公司杭州分行	浙江省杭州市下城区延安路 516 号	0571－87060722
16	平安银行股份有限公司杭州分行	浙江省杭州市下城区庆春路 36 号	0571－87568666
17	中国民生银行股份有限公司杭州分行	浙江省杭州市钱江新城市民街 98 号尊宝大厦金尊 1 层、6 至 18 层及 36 层	0571－87239790
18	兴业银行股份有限公司杭州分行	浙江省杭州市庆春路 40 号	0571－87370710
19	中国光大银行股份有限公司杭州分行	浙江省杭州市拱墅区密渡桥路 1 号浙商时代大厦 1－14 层	0571－87895358
20	恒丰银行股份有限公司杭州分行	浙江省杭州市建国北路 639 号	0571－85086024
21	渤海银行股份有限公司杭州分行	浙江省杭州市体育场路 117 号	0571－28119879
22	中国邮政储蓄银行股份有限公司浙江省分行	浙江省杭州市下城区百井坊巷 87 号	0571－87335016
23	中国邮政储蓄银行股份有限公司杭州市分行	浙江省杭州市上城区环城东路 18 号	0571－87130212
24	中国华融资产管理股份有限公司浙江省分公司	浙江省杭州市上城区开元路 19-1、19-2 号	0571－87836725
25	中国长城资产管理股份有限公司浙江省分公司	杭州市邮电路 23 号浙江长城资产大楼 8、9 两层及附楼	0571－85167890

序号	机构名称	机构地址	联系方式
26	中国东方资产管理股份有限公司浙江省分公司	浙江省杭州市庆春路 225 号西湖时代广场 5 楼	0571—87163369
27	中国信达资产管理股份有限公司浙江省分公司	浙江省杭州市延安路 528 号标力大厦 B 座 11—12 层	0571—85774691
28	杭州银行股份有限公司	浙江省杭州市下城区庆春路 46 号	0571—85107792
29	上海银行股份有限公司杭州分行	浙江省杭州市江干区新业路 200 号	0571—87560235
30	宁波银行股份有限公司杭州分行	浙江省杭州市西湖区保俶路 146 号	0571—87205999
31	北京银行股份有限公司杭州分行	浙江省杭州市江干区五星路 66 号	0571—86996502
32	南京银行股份有限公司杭州分行	浙江省杭州市下城区凤起路 432 号金都杰地大厦	0571—81135987
33	江苏银行股份有限公司杭州分行	浙江省杭州市西湖区天目山路 38—42 号浙江出版集团大厦东侧 1—3 层	0571—88359666
34	浙江泰隆商业银行股份有限公司杭州分行	浙江省杭州市上城区望江东路 59 号	0571—81117888
35	浙江稠州商业银行股份有限公司杭州分行	浙江省杭州市上城区富春路 168 号	0571—87137788
36	浙江民泰商业银行股份有限公司杭州分行	浙江省杭州市拱墅区莫干山路 268 号	0571—87209665
37	温州银行股份有限公司杭州分行	浙江省杭州市下城区仙林桥直街 3 号仙林大厦	0571—87338001
38	台州银行股份有限公司杭州分行	浙江省杭州市江干区城星路 59 号 101 室、1401 室	0571—86893535

续表

序号	机构名称	机构地址	联系方式
39	金华银行股份有限公司杭州分行	浙江省杭州市西湖区保俶路 238 号 1 幢	0571－28289961
40	浙江网商银行股份有限公司	浙江省杭州市西湖区学院路 28－38 号德力西大厦 1 号楼 15－17 层	0571－22907414
41	浙江省农村信用社联合社	浙江省杭州市秋涛路 660 号	0571－85866903
42	杭州联合农村商业银行股份有限公司	浙江省杭州市上城区建国中路 99 号	0571－87923272
43	浙江萧山农村商业银行股份有限公司	浙江省杭州市萧山区人民路 258 号	0571－82712929
44	浙江杭州余杭农村商业银行股份有限公司	浙江省杭州市余杭区南苑街道南大街 72 号	0571－86234561
45	浙江富阳农村商业银行股份有限公司	浙江省杭州市富阳区鹿山街道依江路 501 号	0571－63334386
46	浙江桐庐农村商业银行股份有限公司	浙江省杭州市桐庐县城迎春南路 278 号	0571－64218816
47	浙江临安农村商业银行股份有限公司	浙江省临安区锦城街道城中街 442 号	0571－63726218
48	浙江建德农村商业银行股份有限公司	浙江省建德市新安江街道新安东路 126 号	0571－64735221
49	浙江淳安农村商业银行股份有限公司	浙江省杭州市淳安县千岛湖镇环湖北路 369 号	0571－64813958
50	浙江建德湖商村镇银行股份有限公司	浙江省建德市新安东路 247 号	0571－64791825
51	浙江桐庐恒丰村镇银行股份有限公司	浙江省桐庐县县城迎春南路 86 号	0571－69813009

序号	机构名称	机构地址	联系方式
52	浙江临安中信村镇银行股份有限公司	浙江省临安区锦城街道石镜街 777 号	0571—61109026
53	浙江淳安建信村镇银行有限责任公司	浙江省淳安县千岛湖镇新安南路 15—51 号	0571—65092228
54	浙江余杭德商村镇银行股份有限公司	浙江省杭州市余杭区塘栖镇广济路 273—287 号	0571—89028500
55	浙江萧山湖商村镇银行股份有限公司	浙江省杭州市萧山区宁围镇市心北路 229 号	0571—83515800
56	浙江富阳恒通村镇银行股份有限公司	浙江省杭州市富阳区富春街道金桥北路 8 号	0571—58836666
57	建德市大同镇桑盈农村资金互助社	浙江省建德市大同镇新街 2 号	0571—64585686
58	三井住友银行（中国）有限公司杭州分行	浙江省杭州市下城区延安路 385 号杭州嘉里中心 2 幢 5 楼	0571—28891111
59	东亚银行（中国）有限公司杭州分行	浙江省杭州市江干区万象城 2 幢 101-01 室、1701 室、1703-02 室	0571—89812288
60	汇丰银行（中国）有限公司杭州分行	浙江省杭州市庆春路 136 号广利大厦 15A	0571—89811266
61	花旗银行（中国）有限公司杭州分行	浙江省杭州市庆春路 118 号嘉德广场 13 楼 A、B、G 单元及杭州市庆春路 122 号嘉德广场一楼商铺	0571—87229088
62	恒生银行（中国）有限公司杭州分行	浙江省杭州市下城区延安路 385 号杭州嘉里中心 2 幢（商）1 号及 2 幢 7 层 701、702 室	0571—87296178
63	渣打银行（中国）有限公司杭州分行	浙江省杭州市下城区延安路 385 号杭州嘉里中心 2 幢 6 层 604 单元	0571—87365355
64	南洋商业银行（中国）有限公司杭州分行	杭州市滨江区江南大道 3688 号通策广场 2 幢 101—201 室	0571—87786000

续表

序号	机构名称	机构地址	联系方式
65	星展银行（中国）有限公司杭州分行	浙江省杭州市西湖区教工路 18 号世贸丽晶城欧美中心 1 号楼 D 区 101、103、105 室及 A 区 1802、1803 室	0571—81133188
66	法国兴业银行（中国）有限公司杭州分行	浙江省杭州市下城区锦绣天地商务中心环城西路 30 号 2-76、2-78、2-80、2-82、2-86、2-88 室	0571—87368515
67	大华银行（中国）有限公司杭州分行	浙江省杭州市西湖区天目山路 181 号天际大厦 201、203 室	0571—28090799
68	澳大利亚和新西兰银行（中国）有限公司杭州分行	浙江省杭州市西湖区教工路 18 号世贸丽晶城欧美中心 1 号楼 C 区 302—303 室	0571—26890888
69	三菱东京日联银行（中国)有限公司杭州分行	浙江省杭州市下城区延安路 385 号杭州嘉里中心 2 幢 10 层 1002、1003、1004 单元	0571—87928080
70	中建投信托有限责任公司	浙江省杭州市教工路 18 号世贸丽晶城欧美中心 1 号楼（A 座）18—19 层 C、D 区及 1 层 C 区 103、105 室	0571—85069208
71	杭州工商信托股份有限公司	浙江省杭州市江干区迪凯国际中心 41 层	0571—87218033
72	浙商金汇信托股份有限公司	浙江省杭州市庆春路 199 号 6—8 楼	4008665588
73	万向信托有限公司	浙江省杭州市下城区体育场路 429 号天和大厦 4—6 层及 9—17 层	0571—85807279
74	万向财务有限公司	浙江省杭州市上城区庆春路 225 号广厦西湖时代广场七楼	0571—87163211
75	浙江省能源集团财务有限责任公司	浙江省杭州市环城北路华浙广场 1 号楼 9 楼（全部）和 11 楼的 A、B、B1、C、C1、G、H、I 座	0571—86669990

序号	机构名称	机构地址	联系方式
76	浙江省交通投资集团财务有限责任公司	浙江省杭州市江干区五星路 199 号明珠国际商务中心 2 号楼 8 层	0571－87568088
77	中国电力财务有限公司浙江分公司	杭州市万塘路 18 号黄龙时代广场 A 座 21 楼	0571－51213810
78	物产中大集团财务有限公司	浙江省杭州市中大广场 A 座 7 楼	0571－87895995
79	海亮集团财务有限责任公司	杭州市滨江区滨盛路 1508 号海亮大厦 25 楼 2517－2526 室	0571－56051000
80	杭州锦江集团财务有限责任公司	杭州市拱墅区湖墅南路 111 号杭州锦江大厦 12 楼	0571－28150999
81	华融金融租赁股份有限公司	浙江省杭州市西湖区曙光路 122 号浙江世界贸易中心	0571－87007839
82	裕隆汽车金融（中国）有限公司	浙江省杭州市萧山区市心北路 22 号东方世纪中心 1301－1305 室	0571－57182228
83	杭银消费金融股份有限公司	浙江省杭州市下城区庆春路 38 号 1 层 101 室、2 层 201 室、8 层 801－804 室	0571－86850291
84	交通银行股份有限公司太平洋信用卡中心杭州分中心	浙江省杭州市江干区庆春东路 66-1 号 1101 室	0571－86036355

杭州市证券经营机构名录

（截至 2017 年 12 月 31 日）

序号	机构名称	机构地址	联系方式
1	财通证券股份有限公司	杭州市西湖区杭大路 15 号嘉华国际商务中心	95336，40086－96336
2	浙商证券股份有限公司	杭州市江干区五星路 201 号	0571－87901955
3	金通证券有限责任公司	杭州市滨江区东信大道 66 号 5 幢 D 座 A 区 3 层	0571－85783714
4	财通证券资产管理有限公司	杭州市上城区四宜路四宜大院 B 幢	95336，40086－96336
5	浙江浙商证券资产管理有限公司	杭州市江干区五星路 201 号浙商证券大楼 7 楼	0571－87901951
6	中信证券股份有限公司浙江分公司	杭州市江干区迪凯银座 2201、2203、2204 室	0571－85783723
7	安信证券股份有限公司浙江分公司	杭州市西湖区莫干山路 639 号 3 层 301-1 室	0571－88077289
8	财富证券股份有限公司浙江分公司	杭州市下城区庆春路 42 号兴业银行大厦 15A05 室	0571－87679609
9	长城证券股份有限公司杭州分公司	杭州市杨公堤 23 号 5 号楼	0571－87207368
10	长江证券股份有限公司浙江分公司	杭州市上城区甘水巷 42 号	0571－86658288
11	东北证券股份有限公司浙江分公司	杭州市下城区建国北路 658 号 1502 室	0571－85382288
12	东莞证券股份有限公司浙江分公司	杭州市滨江区西新街道丹枫路 788 号 1 幢 101 室	0571－81391028

序号	机构名称	机构地址	联系方式
13	方正证券股份有限公司浙江分公司	杭州市延安路 398 号二轻大厦 A 楼 11 层	0571—87782217
14	广发证券股份有限公司浙江分公司	杭州市上城区钱江路 41 号 201 甲室	0571—86566651
15	广州证券股份有限公司杭州分公司	杭州市下城区凤起路 270 号 3 楼	0571—85376802
16	国海证券股份有限公司浙江分公司	杭州市下城区河东路 91 号	0571—87238592
17	国开证券股份有限公司浙江省分公司	杭州市上城区元帅庙后 88-1 号 163 室	0571—81686518
18	国泰君安证券股份有限公司浙江分公司	杭州市江干区四季青街道五星路 185 号泛海国际中心 6 幢 1 单元 1401 室	0571—87895228
19	国信证券股份有限公司杭州分公司	杭州市江干区万象城 3 幢 901、908 室	0571—85215118
20	国信证券股份有限公司浙江分公司	杭州市萧山区宁围街道宁泰路 27 号江宁大厦 2 幢 16 层	0571—85214875
21	海通证券股份有限公司浙江分公司	杭州市上城区解放路 138 号 B 部裙楼四楼	0571—87211006
22	华福证券股份有限公司浙江分公司	杭州市下城区庆春路 42 号 903、904、1101 室	0571—85379663
23	华融证券股份有限公司浙江分公司	西湖区求是路 8 号公元大厦南楼 22 层 2201、2205 室	0571—87007606
24	华泰证券股份有限公司浙江分公司	杭州市滨江区江虹路 1750 号信雅达国际创意中心 1 幢 2302、2304—2306 室	0571—86698700
25	金元证券股份有限公司浙江分公司	杭州市江干区解放东路迪凯银座 1403 室	0571—85056086

续表

序号	机构名称	机构地址	联系方式
26	九州证券股份有限公司浙江分公司	杭州市拱墅区余杭塘路矩阵国际2号楼301、303室	0571—86702661
27	联讯证券股份有限公司杭州分公司	杭州市江干区钱江国际时代广场3幢2903室	0571—28233855
28	平安证券股份有限公司浙江分公司	杭州市拱墅区红石中央大厦1603、1604室	0571—88223318
29	申万宏源证券有限公司杭州分公司	杭州市拱墅区华浙广场1号楼18楼	0571—85060158
30	首创证券股份有限公司浙江分公司	杭州市西湖区文二路391号（西湖国际科技大厦)2310-1室	0571—86580110
31	天风证券股份有限公司浙江分公司	杭州市西湖区教工路88号立元大厦12层1202室	0571—87611218
32	西南证券股份有限公司浙江分公司	杭州市江干区紫晶商务城1幢304-1室	0571—86784008
33	兴业证券股份有限公司浙江分公司	杭州市江干区钱江新城钱江国际时代广场3幢1204室	0571—89981678
34	浙商证券股份有限公司杭州分公司	杭州市西湖区玉古路168号黄龙体育中心武术馆大楼5楼501—510室	0571—87902232
35	中国银河证券股份有限公司浙江分公司	杭州市江干区泛海国际中心3幢28层	0571—87252929
36	中信建投证券股份有限公司浙江分公司	杭州市上城区庆春路225号6楼604室	0571—87066526
37	中邮证券股份有限公司浙江分公司	杭州市西湖区莫干山路329号2楼、9楼	0571—87269688
38	华龙证券股份有限公司浙江分公司	杭州市西湖区栖霞岭路60-18号	0571—28936112

序号	机构名称	机构地址	联系方式
39	国融证券股份有限公司浙江分公司	杭州市西湖区北山街道白沙泉112号101室	0571—88078118
40	信达证券股份有限公司浙江分公司	杭州市滨江区丹枫路676号香溢大厦7层702室	95321
41	中天国富证券有限公司浙江分公司	杭州市西湖区翠苑街道天目山路274号、万塘路2-18（双）A座20楼07室	4006080777
42	万和证券股份有限公司杭州分公司	杭州市江干区五星路188号荣安大厦802-1室	0571—81999060
43	财通证券股份有限公司杭州第一分公司	杭州市下城区环城北路169号汇金国际大厦西1幢9层901、902室	95336
44	财通证券股份有限公司杭州第二分公司	杭州市上城区太和广场8号1701—1705室	95336
45	财通证券股份有限公司杭州第三分公司	杭州市西湖区文二路391号（西湖国际科技大厦）2308-1、2308-2室	95336
46	财通证券股份有限公司杭州第四分公司	杭州市拱墅区绿地运河商务中心5幢1302—1305室	95336
47	江海证券股份有限公司浙江分公司	杭州市江干区财富金融中心2幢1507室	0571—28901889
48	东兴证券股份有限公司杭州分公司	杭州市江干区四季青街道新业路228号来福士中心2幢13层1301、1302、1309室	0571—86069139
49	华金证券股份有限公司浙江分公司	杭州市上城区赞成中心西楼1209、1210室	0571—28256856

杭州市期货机构名录

（截至 2017 年 12 月 31 日）

序号	机构名称	机构地址	联系方式
1	宝城期货有限责任公司	杭州市西湖区求是路 8 号公元大厦南裙 1-101、201、301、501 室,北楼 302 室	4006181199
2	大地期货有限公司	杭州市延安路 511 号元通大厦 12 层	4008840077
3	国海良时期货有限公司	杭州市河东路 91 号	4007009292
4	南华期货股份有限公司	杭州市西湖大道 193 号定安名都 2 层、3 层	4008888910
5	盛达期货有限公司	浙江省杭州市萧山区宁围街道平澜路 259 号国金中心 B 区 22 层	0571－82829888
6	信达期货有限公司	杭州市文晖路 108 号浙江出版物资大厦 1125 室、1127 室、12 层、16 层	4006728728
7	永安期货股份有限公司	杭州市江干区钱江新城新业路 200 号	4007007878
8	浙江新世纪期货有限公司	杭州市体育场路 335 号 6－8 层	4007002828
9	中大期货有限公司	杭州市下城区中山北路 310 号五矿大厦 3 层、12 层东	4008810999
10	浙商期货有限公司	杭州市环城北路 305 号耀江发展中心大厦 1、11－12、20 层	4007005186
11	东方汇金期货有限公司浙江分公司	杭州市余杭区仓前街道欧美金融城 5 幢 1310－1312 室	0571－88687030

序号	机构名称	机构地址	联系方式
12	格林大华期货有限公司浙江分公司	杭州市江干区财富金融中心 2 幢 3401 室	0571－28055962
13	广州金控期货有限公司杭州分公司	杭州市下城区绍兴路 161 号野风现代中心北楼 903 室	0571－87251385
14	前海期货有限公司浙江分公司	杭州市江干区四季青街道钱江路 1366 号万象城 2 幢华润大厦 2601－2603 室	0571－28312625
15	永安期货股份有限公司杭州分公司	杭州市新业路 200 号华峰国际 33 楼	0571－89366158
16	浙江新世纪期货有限公司杭州分公司	杭州市上城区惠民路 56 号 2 号楼 207 室	0571－86831579
17	中财期货有限公司浙江分公司	杭州市体育场路 458 号中财金融广角	0571－56080560
18	中国国际期货有限公司杭州分公司	杭州市江干区百大绿城西子国际 C 座 1303 室	0571－89716763
19	中信期货有限公司浙江分公司	杭州市凤起路 102 号裙楼第三层 301 室、302 室	0571－85783919

杭州市保险机构名录

（截至 2017 年 12 月 31 日）

序号	机构名称	机构地址	联系方式
1	中银三星人寿保险有限公司浙江分公司	杭州市江干区钱江新城新业路 8 号华联时代大厦 B 幢 11 楼 1101、1104 室	0571－56051656
2	中意人寿保险股份有限公司浙江省分公司	浙江省杭州市下城区上塘路 15 号武林时代商务中心 7 楼	0571－26201888
3	君康人寿保险股份有限公司浙江分公司	杭州市下城区中山北路 611 号地铁商务大厦 7 层	0571－28896777
4	建信人寿保险有限公司浙江分公司	杭州市拱墅区湖墅南路 277 号 6－7 层	0571－87907901
5	百年人寿保险股份有限公司浙江分公司	杭州市江干区富春路 290 号钱江国际时代广场 3 号楼 20 层	0571－87393533
6	中韩人寿保险有限公司营业总部	杭州市下城区庆春路 38 号金融财富中心 9 楼	0571－87361999
7	平安健康保险股份有限公司浙江分公司	杭州市江干区民心路 280 号平安金融中心 A 座 9 楼	0571－87996115
8	泰康养老保险股份有限公司浙江分公司	杭州市下城区绍兴 161 号野风现代中心北楼 601－603 室	0571－87782650
9	华夏人寿保险股份有限公司浙江分公司	杭州市上城区解放路 18 号 5 层 A 座、601－604 室、1204 室、1501 室、1604 室	0571－28901666
10	昆仑健康保险股份有限公司浙江分公司	杭州市西湖区莫干山路 231 号锐明大厦 12 楼	0571－28289191

序号	机构名称	机构地址	联系方式
11	君龙人寿保险有限公司浙江分公司	浙江省杭州市建国北路 276 号东联大厦 10 楼	0571－28137553
12	中邮人寿保险股份有限公司浙江分公司	浙江省杭州市莫干山路 329 号	0571－87269909
13	和谐健康保险股份有限公司浙江分公司	杭州市曙光路 122 号世贸中心 A 座 16 楼	0571－58121722
14	工银安盛人寿保险有限公司浙江分公司	杭州市下城区绍兴路 161 号野风现代中心北三楼	0571－28085180
15	安邦人寿保险股份有限公司浙江分公司	浙江省杭州市建国北路 639 号华源发展大厦 19 楼	95569
16	幸福人寿保险股份有限公司浙江分公司	杭州市莫干山路 231 号广厦锐明大厦 10 楼	0571－28086666
17	瑞泰人寿保险有限公司浙江分公司	杭州市下城区体育场路 105 号凯喜雅大厦 1504－1506 室	0571－28065516
18	太平养老保险股份有限公司浙江分公司	杭州市江干区新业路 200 号华峰国际商务大厦 31 楼	0571－28058228
19	阳光人寿保险股份有限公司浙江分公司	杭州市庆春路 26 号发展大厦 102－103 室、310－325 室、401－435 室、501－508 室、1201－1210 室	0571－87563163
20	国华人寿保险股份有限公司浙江分公司	杭州市江干区凤起东路 189 号新城时代广场 1 幢 24 楼	0571－28115885
21	招商信诺人寿保险有限公司浙江分公司	浙江省杭州市环城北路 208 号坤和中心 1902－1904 室	0571－86587123
22	农银人寿保险股份有限公司浙江分公司	浙江省杭州市西湖区莫干山路 333 号美莱商务大厦 15 楼	0571－85175999
23	英大泰和人寿保险股份有限公司浙江分公司	杭州市西湖区莫干山路 231 号锐明大厦 6 楼	0571－28350278

续表

序号	机构名称	机构地址	联系方式
24	中美联泰大都会人寿保险有限公司浙江分公司	西湖区万塘路18号3楼、6楼601室、2楼202室和8楼801室	0571－87799688
25	陆家嘴国泰人寿保险有限责任公司浙江分公司	江干区秋涛北路72号三新银座10楼	0571－28039899
26	信泰人寿保险股份有限公司浙江分公司	杭州市西湖区莫干山路231号锐明大厦8楼	0571－87116843
27	富德生命人寿保险股份有限公司浙江分公司	杭州市江干区四季青街道钱江路1366号万象城2幢华润大厦A座第2301－2303、2305－2309室和第2502、2503、2509室	0571－28867766
28	同方全球人寿保险有限公司浙江分公司	杭州市江干区钱江路1366号万象城2幢1901室	0571－28894868
29	平安养老保险股份有限公司浙江分公司	杭州市西湖区文三路90号东部软件园科技大厦17楼	0571－87556792
30	中国人民人寿保险股份有限公司浙江省分公司	杭州市解放路18号铭扬大厦4楼	4008895518
31	长生人寿保险有限公司浙江分公司	杭州市江干区庆春东路1-1号西子联合大厦12楼	0571－28035888
32	中信保诚人寿保险有限公司浙江省分公司	杭州市下城区绍兴路161号野风现代中心北楼1301、1302室	0571－28065118
33	合众人寿保险股份有限公司浙江分公司	杭州市中河中路222号平海国际大厦15－17楼	0571－28907766
34	中国人民健康保险股份有限公司浙江分公司	浙江省杭州市庆春路25－29号远洋大厦21层	0571－28918898
35	中德安联人寿保险有限公司浙江分公司	杭州市下城区仙林桥直街3号仙林大厦7楼	0571－28927968
36	华泰人寿保险股份有限公司浙江分公司	杭州市中河南路11号万凯庭院商务楼B座	0571－28936000

序号	机构名称	机构地址	联系方式
37	中宏人寿保险有限公司浙江分公司	浙江省杭州市下城区庆春路38号金龙财富中心12—13楼	0571—28023322
38	光大永明人寿保险有限公司浙江分公司	杭州市凤起路78号浙金广场附楼3楼303室	0571—28080576
39	民生人寿保险股份有限公司浙江分公司	杭州市绍兴路161号野风现代中心北楼12楼	0571—85389509
40	太平人寿保险有限公司浙江分公司	杭州市广利大厦裙楼5楼	95589
41	新华人寿保险股份有限公司浙江分公司	杭州市江干区庆春广场西侧西子国际中心1号楼33—36层	0571—87235371
42	泰康人寿保险股份有限公司浙江分公司	江干区五星路188号荣安大厦26楼	95522
43	中国平安人寿保险股份有限公司浙江分公司	杭州市下城区环城北路208号坤和中心15楼	95511
44	中国太平洋人寿保险股份有限公司浙江分公司	杭州市之江路928号临江金座1号16楼	0571—87220857
45	中国人寿保险股份有限公司浙江省分公司	杭州市中河中路80号浙江人寿大厦	95519
46	东京海上日东火灾保险（中国）有限公司浙江分公司	杭州江干区钱江新城钱江国际时代广场3号楼1405室	0571—81998758
47	众诚汽车保险股份有限公司浙江分公司	杭州市江干区钱江新城五星路188号荣安大厦20楼	0571—28172888
48	美亚财产保险有限公司浙江分公司	浙江省杭州市江干区富春路290号钱江国际时代广场3幢6层602、603室	0571—26893900
49	泰山财产保险股份有限公司浙江分公司	浙江省杭州市凯旋路445号浙江物产国际广场15楼	0571—28312031

续表

序号	机构名称	机构地址	联系方式
50	英大泰和财产保险股份有限公司浙江分公司	杭州市江干区凤起东路 189 号新城时代广场 1 幢 17 楼	0571－28297660
51	爱和谊日生同和财产保险（中国）有限公司浙江分公司	杭州市下城区环城北路 208 号坤和中心 32 楼 3201 室	0571－28058588
52	国任财产保险股份有限公司浙江分公司	杭州市西湖区天目山路 248 号华鸿大厦 B 座四楼	0571－28293273
53	国泰财产保险有限责任公司浙江分公司	杭州市环城北路 141 号永通信息广场西楼 1 楼	0571－28072288
54	华农财产保险股份有限公司浙江分公司	杭州市西湖区教工路 18 号欧美中心 D 区 405、406 室	0571－87602721
55	利宝保险有限公司浙江分公司	浙江省杭州市上城区婺江路 217 号近江时代大厦 B 座 705 室	0571－87368988
56	长安责任保险股份有限公司浙江省分公司	杭州市凯旋路 385 号紫玉名府 3 幢 12A 楼	95592
57	紫金财产保险股份有限公司浙江分公司	杭州市江干区钱江新城城星路 59 号东杭大厦 20 楼	0571－28080888
58	浙商财产保险股份有限公司浙江分公司	杭州市滨江区泰安路 239 号盾安发展大厦 10 楼、15 楼	0571－28088181
59	安信农业保险股份有限公司浙江分公司	浙江省杭州市江干区新塘路 78 号新业大厦 5 楼	0571－28112811
60	永诚财产保险股份有限公司浙江分公司	杭州市下城区中山北路 565 号华能大厦 5 楼	0571－28002903
61	安诚财产保险股份有限公司浙江分公司	浙江省杭州市秋涛路 258 号 A 座 10－11 楼、238-2 号	95544
62	中国人寿财产保险股份有限公司浙江省分公司	浙江省杭州市下城区环城北路 63 号云天财富中心	0571－87253661

序号	机构名称	机构地址	联系方式
63	渤海财产保险股份有限公司浙江分公司	浙江省杭州市滨江区长河街道江南大道 618 号 702—705 室	0571—28002333
64	亚太财产保险有限公司浙江分公司	杭州市天目山路 294 号杭钢冶金科技大厦 11 层	0571—87669119
65	阳光财产保险股份有限公司浙江省分公司	杭州市下城区环城北路 167 号汇金国际裙楼 5 楼	95510
66	中银保险有限公司浙江分公司	杭州市上城区西湖大道 58 号金隆花园华顺大厦 5—7 楼	0571—87273033
67	安盛天平汽车保险股份有限公司浙江分公司	杭州市西湖区莫干山路 231 号广厦锐明大厦北 6 楼	0571—28809111
68	都邦财产保险股份有限公司浙江分公司	杭州市下城区体育场路 105 号凯喜雅大厦 14 楼	0571—28006588
69	安邦财产保险股份有限公司浙江分公司	浙江省杭州市建国北路 639 号华源发展大厦 19 楼	0571—56920501
70	永安财产保险股份有限公司浙江分公司	浙江省杭州市上城区秋涛路 28 号凤凰中心 19 楼	0571—85789659
71	华安财产保险股份有限公司浙江分公司	浙江省杭州市西湖区天目山路 7 号东海创意中心 15 楼	0571—87168888
72	中国出口信用保险公司浙江分公司	庆春东路 2—6 号金投金融大厦 19—20 楼	0571—28036700
73	中国大地财产保险股份有限公司浙江分公司	杭州市西湖大道 35 号万新大厦 1 号楼 7、8、11 楼	0571—87000226
74	太平财产保险有限公司浙江分公司	浙江省杭州市庆春路 136 号广利大厦 15 楼、广利大厦 7 层 706 室、707 室、709 室	0571—28811000
75	中华联合财产保险股份有限公司浙江分公司	杭州市拱墅区湖墅南路 505 号中华保险大厦	0571—88103155

续表

序号	机构名称	机构地址	联系方式
76	华泰财产保险有限公司浙江省分公司	杭州市江干区庆春东路 66 号庆春发展大厦 B 座 15 楼	0571—87238300
77	史带财产保险股份有限公司浙江分公司	浙江省杭州市环城北路 208 号坤和中心 1004 室	0571—85155257
78	中国平安财产保险股份有限公司浙江分公司	浙江省杭州市西湖区教工路 88 号立元大厦 7—9 楼	0571—88381818
79	中国太平洋财产保险股份有限公司浙江分公司	杭州市莫干山路 501 号	0571—87223801
80	中国人民财产保险股份有限公司浙江省分公司	杭州上城区中河中路 66 号	0571—87810888

杭州市上市公司名录

（截至 2017 年 12 月 31 日）

境内上市公司名录

序号	公司名称	代码	上市地点	上市时间	行业类别
1	航天通信	600677	上海	1993 年 9 月 28 日	IT
2	物产中大	600704	上海	1996 年 5 月 17 日	商贸服务
3	东方通信	600776	上海	1996 年 11 月 14 日	IT
4	浙江东方	600120	上海	1997 年 11 月 12 日	商贸服务
5	杭钢股份	600126	上海	1998 年 2 月 12 日	机械制造
6	钱江水利	600283	上海	2000 年 9 月 15 日	公共设施
7	英特集团	000411	深圳	1996 年 6 月 26 日	医药化工
8	浙大网新	600797	上海	1997 年 3 月 25 日	IT
9	浙能电力	600023	上海	2013 年 12 月 19 日	电力
10	众合科技	000925	深圳	1999 年 5 月 7 日	IT
11	浙数文化	600633	上海	1993 年 3 月 4 日上市，2011 年 12 月 6 日迁入	出版业
12	天目药业	600671	上海	1993 年 8 月 23 日	医药化工
13	杭州解百	600814	上海	1994 年 1 月 14 日	商贸服务
14	百大集团	600865	上海	1994 年 8 月 9 日	商贸服务
15	新安股份	600596	上海	2001 年 9 月 6 日	医药化工
16	信雅达	600571	上海	2002 年 11 月 1 日	IT
17	士兰微	600460	上海	2003 年 3 月 11 日	IT
18	杭萧钢构	600477	上海	2003 年 11 月 10 日	机械制造
19	恒生电子	600570	上海	2003 年 12 月 16 日	IT
20	航民股份	600987	上海	2004 年 8 月 9 日	纺织业
21	通策医疗	600763	上海	1996 年 10 月 30 日上市，2006 年迁入	医疗服务

续表

序号	公司名称	代码	上市地点	上市时间	行业类别
22	数源科技	000909	深圳	1999 年 5 月 7 日	IT
23	华东医药	000963	深圳	2000 年 1 月 27 日	医药化工
24	传化智联	002010	深圳中小板	2004 年 6 月 29 日	医药化工
25	亿帆医药	002019	深圳中小板	2004 年 7 月 13 日	医药化工
26	生意宝	002095	深圳中小板	2006 年 12 月 15 日	IT
27	万向钱潮	000559	深圳	1994 年 1 月 10 日	机械制造
28	杭汽轮 B	200771	深圳	1998 年 4 月 28 日	机械制造
29	万家文化	600576	上海	2003 年 2 月 20 日上市，2007 年迁入	纺织业
30	三维通信	002115	深圳中小板	2007 年 2 月 15 日	IT
31	天马股份	002122	深圳中小板	2007 年 3 月 28 日	机械制造
32	广宇集团	002133	深圳中小板	2007 年 4 月 27 日	房地产
33	东南网架	002135	深圳中小板	2007 年 5 月 30 日	金属制品业
34	大立科技	002214	深圳中小板	2008 年 2 月 18 日	专用仪器仪表制造业
35	大华股份	002236	深圳中小板	2008 年 5 月 20 日	电子设备制造业
36	滨江集团	002244	深圳中小板	2008 年 5 月 29 日	房地产
37	帝龙新材	002247	深圳中小板	2008 年 6 月 12 日	制造业
38	浙富控股	002266	深圳中小板	2008 年 8 月 5 日	机械制造
39	莱茵置业	000558	深圳	2002 年 4 月 2 日上市，2009 年迁入	房地产
40	万马股份	002276	深圳中小板	2009 年 7 月 10 日	机械制造
41	联络互动	002280	深圳中小板	2009 年 8 月 21 日	IT
42	亚太股份	002284	深圳中小板	2009 年 8 月 28 日	汽车零部件
43	银江股份	300020	深圳创业板	2009 年 10 月 30 日	IT
44	华星创业	300025	深圳创业板	2009 年 10 月 30 日	通信服务业
45	同花顺	300033	深圳创业板	2009 年 12 月 25 日	IT

序号	公司名称	代码	上市地点	上市时间	行业类别
46	中恒电气	002364	深圳中小板	2010年3月5日	输配电及控制设备制造业
47	南都电源	300068	深圳创业板	2010年4月21日	电器机械及器材制造业
48	思创医惠	300078	深圳创业板	2010年4月30日	计算机及相关设备制造业
49	海康威视	002415	深圳中小板	2010年5月28日	电子设备制造业
50	康盛股份	002418	深圳中小板	2010年6月1日	金属制品业
51	杭氧股份	002430	深圳中小板	2010年6月10日	工业专用设备制造业
52	巨星科技	002444	深圳中小板	2010年7月13日	工具制造业
53	顺网科技	300113	深圳创业板	2010年8月27日	IT
54	富春环保	002479	深圳中小板	2010年9月21日	电力生产业
55	杭齿前进	601177	上海	2010年10月11日	通用设备制造业
56	金固股份	002488	深圳中小板	2010年10月21日	交通运输设备制造业
57	华策影视	300133	深圳创业板	2010年10月26日	广播电影电视业
58	荣盛石化	002493	深圳中小板	2010年11月2日	化学纤维制造业
59	老板电器	002508	深圳中小板	2010年11月23日	金属制品业
60	宋城演艺	300144	深圳创业板	2010年12月9日	旅游业
61	南方泵业	300145	深圳创业板	2010年12月9日	专用设备制造业
62	杭锅股份	002534	深圳中小板	2011年1月10日	锅炉及原动机制造业
63	宝鼎科技	002552	深圳中小板	2011年2月25日	铸件制造业
64	贝因美	002570	深圳中小板	2011年4月12日	乳制品制造业
65	聚光科技	300203	深圳创业板	2011年4月15日	专用仪器仪表制造业

续表

序号	公司名称	代码	上市地点	上市时间	行业类别
66	迪安诊断	300244	深圳创业板	2011 年 7 月 19 日	卫生、保健、护理服务业
67	初灵信息	300250	深圳创业板	2011 年 8 月 3 日	通信及相关设备制造业
68	兴源环境	300266	深圳创业板	2011 年 9 月 27 日	普通机械制造业
69	中威电子	300270	深圳创业板	2011 年 10 月 12 日	通信设备制造业
70	光启技术	002625	深圳中小板	2011 年 11 月 3 日	专用设备制造业
71	赞宇科技	002637	深圳中小板	2011 年 11 月 25 日	化学原料及化学制品制造业
72	华媒控股	000607	深圳	2003 年 12 月 17 日上市，2012 年迁入	公用机械制造业
73	汉鼎股份	300300	深圳创业板	2012 年 3 月 19 日	计算机应用服务业
74	远方光电	300306	深圳创业板	2012 年 3 月 29 日	仪器仪表及文化、办公用机械制造业
75	宋都股份	600077	上海	1997 年 5 月 20 日上市，2012 年 5 月迁入	房地产开发与经营业
76	泰格医药	300347	深圳创业板	2012 年 8 月 17 日	医疗专业、科研服务业
77	华数传媒	000156	深圳	2012 年 8 月迁入	信息传播服务业
78	炬华科技	300360	深圳创业板	2014 年 1 月 21 日	通用仪器仪表制造业
79	思美传媒	002712	深圳中小板	2014 年 1 月 23 日	商业服务业
80	福斯特	603806	上海	2014 年 9 月 5 日	橡胶和塑料制品业
81	健盛集团	603558	上海	2015 年 1 月 27 日	纺织服务、服饰业
82	杭电股份	603618	上海	2015 年 2 月 17 日	电线电缆产品的研发、生产、销售和服务

序号	公司名称	代码	上市地点	上市时间	行业类别
83	中泰股份	300435	深圳创业板	2015 年 3 月 26 日	通用机械
84	创业软件	300451	深圳创业板	2015 年 5 月 14 日	应用软件
85	永创智能	603901	上海	2015 年 5 月 29 日	其他
86	华铁科技	603300	上海	2015 年 5 月 29 日	房屋和土木工程
87	杭州高新	300478	深圳创业板	2015 年 6 月 10 日	机械设备、电气设备
88	先锋电子	002767	深圳中小板	2015 年 6 月 12 日	电子测量仪器
89	中亚股份	300512	深圳创业板	2016 年 5 月 26 日	机械设备、专用设备
90	微光股份	002801	深圳中小板	2016 年 6 月 22 日	机械设备、电气设备
91	顾家家居	603816	上海	2016 年 10 月 14 日	家用轻工
92	集智股份	300553	深圳创业板	2016 年 10 月 21 日	机器设备、仪器仪表
93	和仁科技	300550	深圳创业板	2016 年 10 月 18 日	信息服务:计算机应用
94	电魂网络	603258	上海	2016 年 10 月 26 日	信息服务:传媒
95	杭州银行	600926	上海	2016 年 10 月 27 日	金融服务:银行
96	贝达药业	300558	深圳创业板	2016 年 11 月 7 日	医药制造业
97	海兴电力	603556	上海	2016 年 11 月 10 日	机械设备、仪器仪表
98	嘉凯城	000918	深圳	1999 年 7 月上市，2016 年 3 月迁入	房地产开发
99	平治信息	300571	深圳创业板	2016 年 12 月 13 日	信息服务:传媒
100	百合花	603823	上海	2016 年 12 月 20 日	化工:化学制品
101	英飞特	300582	深圳创业板	2016 年 12 月 28 日	电子
102	杭叉集团	603298	上海	2016 年 12 月 27 日	机械设备
103	华正新材	603186	上海	2017 年 1 月 3 日	制造业:计算机通信
104	新坐标	603040	上海	2017 年 2 月 9 日	机械设备
105	诺邦股份	603238	上海	2017 年 2 月 22 日	纺织服装:纺织制造

续表

序号	公司名称	代码	上市地点	上市时间	行业类别
106	威星智能	002849	中小板	2017 年 2 月 17 日	机械设备:电气设备
107	元成股份	603388	上海	2017 年 3 月 24 日	建筑装饰园林工程
108	星帅尔	002860	深圳中小板	2017 年 4 月 12 日	家用零部件
109	长川科技	300604	深圳创业板	2017 年 4 月 17 日	其他专用机械
110	正元智慧	300645	深圳创业板	2017 年 4 月 21 日	IT 服务
111	金石资源	603505	上海	2017 年 5 月 3 日	采矿
112	万通智控	300643	深圳创业板	2017 年 5 月 5 日	制造业:汽车零部件
113	杭州园林	300649	深圳创业板	2017 年 5 月 5 日	园林
114	铁流股份	603926	上海	2017 年 5 月 10 日	制造业:汽车零部件
115	雷迪克	300652	深圳创业板	2017 年 5 月 16 日	制造业:汽车零部件
116	吉华集团	603980	上海	2017 年 6 月 15 日	化工:化学制品
117	诚邦股份	603316	上海	2017 年 6 月 19 日	建筑装饰园林工程
118	浙商证券	601878	上海	2017 年 6 月 26 日	资本市场服务
119	沪宁股份	300669	深圳创业板	2017 年 6 月 29 日	通用设备制造业
120	纵横通信	603602	上海	2017 年 8 月 10 日	通信配套服务
121	春风动力	603129	上海	2017 年 8 月 18 日	其他交运设备
122	万马科技	300698	深圳创业板	2017 年 8 月 31 日	计算机通信和其他电子设备制造
123	兆丰股份	300695	深圳创业板	2017 年 9 月 8 日	汽车制造业
124	银都股份	603277	上海	2017 年 9 月 11 日	通用设备制造业
125	万隆光电	300710	深圳创业板	2017 年 10 月 19 日	通信传输设备
126	财通证券	601108	上海	2017 年 10 月 24 日	资本市场服务
127	泰瑞机器	603289	上海	2017 年 10 月 31 日	专用设备制造业
128	珀莱雅	603605	上海	2017 年 11 月 15 日	日用化工

境外上市公司名录

序号	公司名称	代码	上市地点	上市时间	行业类别
1	沪杭甬	00576	香港	1997 年 5 月	基础设施
2	祐康国际	Y06	新加坡	2004 年 11 月 22 日	食品
3	八方电信	E25	新加坡	2004 年 7 月 23 日	IT
4	绿城中国	03900	香港	2006 年 7 月 13 日	房地产
5	奥普电器	00477	香港	2006 年 11 月 27 日	制造
6	银泰百货	01833	香港主板	2007 年 3 月 20 日	商贸服务
7	浙大兰德	08106	香港创业板	2002 年 5 月 3 日	IT
8	友佳国际	02398	香港	2006 年 1 月 20 日	机械制造
9	友成控股	00096	香港	2005 年 10 月 1 日	塑料模具
10	华鼎控股	03398	香港	2005 年 12 月 15 日	纺织业
11	新利软件	08076	香港创业板	2001 年 9 月 5 日	IT
12	众安房产	00672	香港主板	2007 年 11 月 13 日	房地产
13	美丝邦	MES	澳大利亚	2007 年	化学纤维制造
14	松冈机电	TYO	澳大利亚	2008 年 12 月 31 日	娱乐
15	琥珀能源	00090	香港	2009 年 7 月 10 日	电厂建设、经营及管理
16	博可生物	MLBOK	法国	2009 年	营养保健品
17	笑笑幼教	XXL	澳大利亚	2009 年 12 月	幼儿教育
18	九洲大药房	CJJD	美国（纳斯达克）	2010 年 4 月	医药零售连锁
19	胜达包装	CPGI	美国（纳斯达克）	2010 年 12 月 10 日	纸包装
20	斯凯网络	MOBI	美国（纳斯达克）	2010 年 12 月 10 日	移动互联网应用
21	开元旅业	1275	香港	2013 年 7 月 10 日	酒店投资与管理
22	新锐医药	08180	香港创业板	2013 年 10 月 25 日	医药分销

续表

序号	公司名称	代码	上市地点	上市时间	行业类别
23	永盛新材料	03608	香港	2013 年 11 月 27 日	纺织相关产品贸易、差别化涤纶面料染色及加工以及涤纶长丝生产
24	矽力杰	6415	台湾	2013 年 12 月 12 日	半导体业
25	中国新城市	1321.HK	香港	2014 年 7 月 10 日	房地产开发
26	天鸽互动	1980.HK	香港	2014 年 7 月 9 日	互联网软件与服务
27	达内科技	TEDU	美国（纳斯达克）	2014 年 4 月 3 日	IT 培训
28	阿里巴巴	BABA	纽交所	2014 年 9 月 19 日	IT
29	中粮包装	00906	香港	2009 年 11 月 16 日	包装产品
30	新明中国	02699	香港	2015 年 7 月 6 日	房地产建筑
31	浙商银行	02016	香港	2016 年 3 月 30 日	金融服务:银行
32	绿城服务	02869.HK	香港	2016 年 7 月 12 日	物业服务、顾问咨询服务、园区增值服务
33	江南布衣	03306.HK	香港	2016 年 10 月 31 日	设计推广销售服装鞋类配饰
34	百世集团	BSTI	纽交所	2017 年 9 月 20 日	物流服务
35	龙运国际	LYL	美国（纳斯达克）	2017 年 10 月 21 日	众筹机会和孵化公司

杭州市小贷公司名录

（截至 2017 年 12 月 31 日）

序号	公司名称	公司地址	联系方式
1	上城广宇	上城区岳王路 28 号	0571－87062806
2	上城文广	上城区婺江路 217 号	0571－85282529
3	下城广信	下城区白石巷 260 号	0571－85092239
4	西湖昆仑	西湖区体育场路 580 号	0571－85116890
5	西湖御丰	西湖区转塘镇美院南路 99 号	0571－86775668
6	西湖浙农	西湖区益乐路 25 号	0571－87607700
7	江干银货通	江干区剧院路 358 号	0571－81107869
8	江干万事利	江干区天城路 68 号	0571－85040791
9	拱墅泰丰	拱墅区金华路 88-8 号	0571－28179919
10	拱墅建华	拱墅区沈半路 2 号	0571－28859060
11	拱墅利尔达	拱墅区登云路 425 号	0571－89908686
12	高新东冠	滨江区江南大道 3850 号	0571－87796048
13	高新中南	滨江区江南大道 3850 号	0571－87111152
14	高新萧宏	滨江区滨盛路 1777 号	0571－86538519
15	高新兴耀普汇	滨江区西兴街道江陵路 1916 号	0571－87710809
16	余杭宝鼎	余杭区塘栖镇塘栖路 238 号	0571－89028282
17	余杭华盈	余杭区五常街道联胜路 10 号	0571－89300278
18	余杭钱塘	余杭区南苑街道迎宾路 355 号	0571－86186666
19	余杭日通	余杭区南苑街道南苑街 103 号	0571－89163791
20	萧山萧然	萧山区北干街道金城路 550 号	0571－83831666
21	萧山金丰	萧山区金城路 438 号	0571－82711922
22	萧山金诚	萧山区北干街道金城路 185 号	0571－83692300
23	萧山悍马	萧山区临浦镇人民路 30 号	0571－82279188
24	萧山萧丰	建设四路 4083 号	0571－83517157

续表

序号	公司名称	公司地址	联系方式
25	萧山环亚航	萧山区金城路 628 号	0571－82871000
26	萧山新萧商	萧山经济技术开发区加贸路 11 号	0571－83518200
27	萧山永诚	萧山区萧绍东路 202 号	0571－83682613
28	桐庐富汇	桐庐县滨江路 388 号	0571－69917806
29	桐庐浙富	桐庐县滨江路 1145 号	0571－69960156
30	桐庐龙生	桐庐县江南镇三联西路 8 号	0571－64653888
31	淳安康盛	淳安县千岛湖镇环湖北路 88 号	0571－64888851
32	淳安沪千诚鑫	淳安县千岛湖镇环湖北路 87 号	0571－64887699
33	建德新安	新安江街道严州大道秀水华庭 18 号	0571－64751881
34	建德建业	新安江街道严州大道 1181 号	0571－64788886
35	建德白沙	新安江街道水韵天城 108 幢	0571－64793336
36	富阳浙丰	富阳区富春街道金桥南路 73 号	0571－61776550
37	富阳永通	富阳区江滨西大道 2 号	0571－61710330
38	富阳富通	富阳区富春街道江滨西大道 15 号	0571－23256883
39	富阳民间融资服务中心	富阳区富春街道孙权路 104 号	0571－61760338
40	富阳金富春先进	富阳区恩波大道 677 号	0571－61790188
41	富阳富仑	富阳区新兴路 5 号	0571－61761807
42	临安兆丰	临安区锦城街道吴越街 998 号	0571－61107009
43	临安中达	临安区锦城街道吴越大街江南商城 1 号	0571－61081890
44	临安康通	临安市昌化镇国石文化城 1 幢	0571－61106820
45	临安韦丰	临安市高虹镇学溪苑 1 幢	0571－61135800
46	浙江文创	下城区体育场路 178 号	0571－85310801
47	浙江农发	下城区武林路 437 号	0571－85813021
48	浙江林业	江干区凯旋路 385 号	0571－86078507
49	浙江兴合	江干区富春路 290 号	0571－88899075
50	浙江理想	余杭区五常街道文一西路 998 号	0571－89028888

序号	公司名称	公司地址	联系方式
51	下城美达	下城区延安路 468 号	13805783498
52	下城金昇	下城区凤起路 48 号	0571－85084977
53	浙江祐邦	江干区钱江新城香樟路 2 号	0571－28182359
54	阿里巴巴	余杭区五常街道丰岭路 25 号	95188－2

图书在版编目（CIP）数据

2017 年度杭州金融发展报告 / 杭州市人民政府金融
工作办公室编. —杭州：浙江大学出版社，2018.9
ISBN 978-7-308-18420-5

Ⅰ. ①2… Ⅱ. ①杭… Ⅲ. ①地方金融事业—经济发
展—研究报告—杭州—2017 Ⅳ. ①F832.755.1

中国版本图书馆 CIP 数据核字（2018）第 153498 号

2017 年度杭州金融发展报告

杭州市人民政府金融工作办公室 　编

责任编辑	石国华
责任校对	杨利军　闻晓虹
封面设计	杭州林智广告有限公司
出版发行	浙江大学出版社
	（杭州市天目山路 148 号　邮政编码 310007）
	（网址：http://www.zjupress.com）
排　　版	杭州中大图文设计有限公司
印　　刷	浙江省良渚印刷厂
开　　本	710mm×1000mm　1/16
印　　张	17
字　　数	280 千
版 印 次	2018 年 9 月第 1 版　2018 年 9 月第 1 次印刷
书　　号	ISBN 978-7-308-18420-5
定　　价	49.00 元